Documento de Trabajo
Serie Política de la Competencia y Regulación
Número 67/ 2025

Gobernanza y retos globales asociados con la tarificación del carbono en sectores estratégicos* **

Javier Porras Belarra

Este trabajo es parte del Proyecto "La determinación de Precios del Carbono en Sectores Estratégicos de la UE: Utilización conjunta de Instrumentos Regulatorios y Fiscales en la Lucha contra el Cambio Climático (PCSEUE)" (**PID2023-150137OB-I00 financiado por MCIU/AIE/10.13039/501100011033 y por FSE+ cuyos IPs son: Dra. Marta Villar Ezcurra y el Dr. Álvaro Antón Antón**) y ha tomado como referencia el Documento de Trabajo 01 "Políticas Fiscales, Instrumentos Económicos y Reguladores en la Gobernanza Climática: La Tarificación del Carbono en la Unión Europea", redactado por Álvaro Antón Antón y expuesto en el primer seminario de trabajo del grupo de investigación. Una versión final de este trabajo revisada y ampliada será publicada en la obra colectiva.

*   El apartado sobre los EE. UU. ha sido redactado por el Dr. Álvaro del Blanco García, Instituto de Estudios Fiscales.
**   El apartado sobre la República Popular de China se basa en una aportación facilitada y publicada por el Dr. Zhang Da, de la Universidad de Tsinghua.

El Real Instituto Universitario de Estudios Europeos de la Universidad CEU San Pablo, Centro Europeo de Excelencia Jean Monnet, es un centro de investigación especializado en la integración europea y otros aspectos de las relaciones internacionales.

Los documentos de trabajo dan a conocer los proyectos de investigación originales realizados por los investigadores asociados del Instituto Universitario en los ámbitos histórico-cultural, jurídico-político y socioeconómico de la Unión Europea.

Las opiniones y juicios de los autores no son necesariamente compartidos por el Real Instituto Universitario de Estudios Europeos.

Los documentos de trabajo están también disponibles en: www.idee.ceu.es

PID2023-150137OB-I00 financiado por MCIU/AEI/10.13039/501100011033 y por FSE+

Serie *Política de la Competencia y Regulación* de documentos de trabajo del Real Instituto Universitario

Gobernanza y retos globales asociados con la tarificación del carbono en sectores estratégicos

CEU *Ediciones*
Julián Romea 18, 28003 Madrid
Teléfono: 91 514 05 73
Correo electrónico: ceuediciones@ceu.es
www.ceuediciones.es

Real Instituto Universitario de Estudios Europeos
Avda. del Valle 21, 28003 Madrid
www.idee.ceu.es

ISBN: 978-84-19976-81-9
Depósito legal: M-10524-2025

Maquetación: CEU *Ediciones*

Índice

1. Fundamentos de la tarificación del carbono

La tarificación del carbono es una herramienta económica fundamental para reducir las emisiones de gases de efecto invernadero al asignar un costo a la emisión de carbono, incentivando así prácticas más sostenibles[1].

1.1. Marco teórico y conceptual

Los impuestos al carbono y los sistemas de comercio de emisiones (ETS, por sus siglas en inglés) son dos mecanismos principales de fijación de precios al carbono diseñados para reducir las emisiones de gases de efecto invernadero (GEI). Aunque comparten el objetivo de incentivar la reducción de emisiones, difieren en su enfoque y funcionamiento[2].

Un impuesto al carbono permite cuantificar un precio fijo por tonelada de carbono emitida. Este enfoque proporciona certeza en la determinación del precio, ya que las empresas conocen de antemano el coste asociado a cada tonelada de CO_2 emitida. Sin embargo, no garantiza una cantidad específica de reducción de emisiones, ya que las empresas deciden cuánto emitir en función del impacto en costes del impuesto.

Los ETS, también conocidos como sistemas de *"cap-and-trade"* (límite y comercio), establecen un límite máximo (tope) a las emisiones totales permitidas en una jurisdicción. Se asignan permisos o derechos de emisión que las empresas pueden comprar y vender en un mercado. El precio de estos permisos fluctúa según la oferta y la demanda, proporcionando flexibilidad a las empresas para cumplir con sus objetivos de reducción de emisiones. Este sistema garantiza una cantidad específica de reducción de emisiones, pero el precio del carbono puede variar.

Por tanto, se establecen como diferencias principales:

- Certeza en el precio *vs.* certeza en la reducción de emisiones: Los impuestos al carbono garantizan un precio fijo para las emisiones, pero no aseguran una cantidad específica de reducción de gases de efecto invernadero (GEI). Por el contrario, los sistemas de comercio de emisiones (ETS) establecen un límite máximo de emisiones permitidas, lo que garantiza una reducción concreta, aunque el precio del carbono fluctúe en función del mercado.

- Funcionamiento del mercado: En un ETS, el precio del carbono se define según la oferta y la demanda de permisos de emisión dentro de un mercado regulado. En cambio, con un impuesto al carbono, el gobierno establece una señal de precio fijo por cada tonelada de CO_2 emitida, y las empresas ajustan su nivel de emisiones en función del coste establecido.

- Simplicidad frente a flexibilidad: Los impuestos al carbono suelen ser más fáciles de aplicar y gestionar, ya que pueden integrarse en los sistemas fiscales existentes. En contraste, los ETS requieren la creación de mercados de derechos de emisión y mecanismos de monitoreo, lo que los hace más complejos, aunque permiten a las empresas mayor flexibilidad para elegir cómo y cuándo reducir sus emisiones.

---

1   Sales, X. (2023). La tarificación interna del carbono, una iniciativa para la sostenibilidad. Harvard Deusto Business Review, (333), 20-28.

2   Desarrollado en Villar Ezcurra, M. (2010). Cambio climático, desarrollo sostenible y fiscalidad ambiental, Crónica Tributaria (135), 231-245.

2. Importancia de la gobernanza en la política climática

En el artículo "*Do geopolitical and energy security risks influence carbon dioxide emissions? Empirical evidence from European Union countries*"[3], se refleja cómo la reducción de las emisiones de dióxido de carbono es una prioridad global debido a su impacto en el cambio climático. Investigaciones previas han identificado el crecimiento económico y el consumo energético como factores clave en el aumento de las emisiones de carbono, pero existe una brecha en la comprensión de cómo los riesgos geopolíticos y la seguridad energética influyen en estos patrones. En cuestiones de gobernanza, no debe olvidarse que juegan un papel crucial, como pilares estructurales de régimen regulatorio, una serie de principios como son los de eficiencia, estabilidad, flexibilidad, predictibilidad y responsabilidad, a los que también el proceso de tarificación del carbono debe atender[4].

2.1. La curva de Kuznets ambiental (EKC)

Esta hipótesis postula una relación en forma de "U invertida" entre el desarrollo económico y la degradación ambiental. Los pioneros en este planteamiento fueros Grossman y Krueger[5].

La EKC sugiere que[6]:

1. En las primeras etapas del crecimiento económico, la contaminación y el uso de recursos aumentan.

2. A medida que una economía se desarrolla, alcanza un punto de inflexión.

3. Después de ese punto, con mayor desarrollo, tecnología y conciencia ambiental, la contaminación comienza a disminuir.

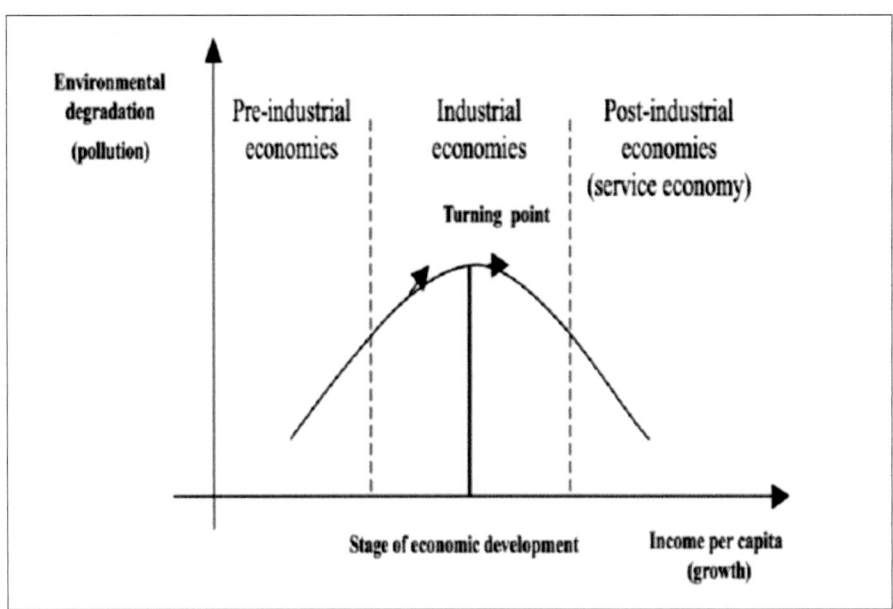

Fuente: Shen, D. (2015). Environmental sustainability and economic development: A world view. Journal of Economics and Sustainable Development, 6(6), 51-59.

---

3   Borozan, D. (2024). Do geopolitical and energy security risks influence carbon dioxide emissions? Empirical evidence from European Union countries. Journal of Cleaner Production, 439, 140834.

4   Sobre el tema de la importancia de los principios, Villar Ezcurra, M. (2023) y sobre las cuestiones generales de gobernanza asociadas a los fundamentos, instituciones e instrumentos jurídicos de la regulación de la economía, Valcárcel, P. (ed.) (2023). Gobernanza económica, regulación y administración de justicia.

5   Grossman, G. M., & Krueger, A. B. (1993). Pollution and growth: what do we know?

6   Grossman, G. M., & Krueger, A. B. (1995). Economic growth and the environment. The quarterly journal of economics, 110(2), 353-377.

La EKC se basa en tres efectos[7]:

1. Efecto escala: A mayor crecimiento, mayor actividad económica y, por tanto, más contaminación.

2. Efecto composición: Con el tiempo, las economías cambian de industrias contaminantes (como manufactura pesada) a servicios más limpios.

3. Efecto tecnológico: Las tecnologías limpias, la regulación ambiental y la eficiencia energética reducen las emisiones en fases avanzadas del desarrollo.

No obstante, esta hipótesis no está libre de ciertas críticas y limitaciones, como señalan, entre otros, Shahbaz y Sinsha[8]:

– No se cumple en todos los países ni para todos los contaminantes;

– Algunos estudios muestran que la disminución de la contaminación solo ocurre si hay políticas ambientales activas;

– La EKC no considera las emisiones "exportadas" a través de la producción deslocalizada en países menos desarrollados.

– No aplica de igual manera a contaminantes como el CO_2, donde el patrón de disminución no siempre aparece.

Si bien no se discute que (evidencia empírica):

– Algunos gases contaminantes locales sí han mostrado un comportamiento EKC.

– En cambio, para gases de efecto invernadero como el CO_2, los resultados son mixtos.

2.2. El "riesgo geopolítico"

Es interesante que introduzcamos el concepto de "riesgo geopolítico (GPR)", definido como las amenazas o acciones derivadas de conflictos armados, terrorismo y disputas internacionales, y su potencial efecto en la economía y en las emisiones de carbono. También puede resultarnos relevante el concepto de "riesgo de seguridad energética" (ESR), que se refiere a la capacidad de garantizar un suministro de energía accesible y sostenible. Mientras que algunos estudios sugieren que un aumento en el GPR puede reducir emisiones al desacelerar la actividad económica, otros argumentan que podría incrementarlas al incentivar el uso de combustibles fósiles menos eficientes. Por otro lado, el ESR está relacionado con la estabilidad del suministro energético y su costo. En países dependientes de importaciones de energía, un alto ESR puede generar incertidumbre en el acceso a recursos energéticos, impactando los precios y el comportamiento del consumo energético. Estudios previos han sugerido que una mayor seguridad energética puede promover el uso de fuentes de energía más limpias.

En materia energética, Borozan recoge que el consumo de energía es el principal determinante de las emisiones de CO_2. Esto se debe a que:

1. Se encuentra una relación positiva y significativa entre el consumo energético y las emisiones de carbono en todos los modelos utilizados.

2. Se confirma la "causalidad bidireccional" entre el consumo de energía y las emisiones de CO_2, lo que sugiere que un mayor consumo energético incrementa las emisiones, y a su vez, el aumento de las emisiones puede elevar la demanda energética debido a factores como cambios en el clima y adaptación tecnológica.

---

7   PANAYOTOU, T. (1997). Demystifying the environmental Kuznets curve: turning a black box into a policy tool. Environment and Development Economics, 2(4), 465–484.

8   Shahbaz, M., & Sinha, A. (2019). Environmental Kuznets curve for CO2 emissions: a literature survey. Journal of Economic Studies.

Por otro lado, el riesgo de seguridad energética (ESR) impulsa las emisiones de CO2:

1. tiene un efecto positivo y significativo en el largo plazo;

2. Se demuestra que el ESR también causa el consumo energético, lo que implica que el aumento de este riesgo incrementa el consumo de energía y, en consecuencia, las emisiones de carbono.

3. Se argumenta que la alta dependencia de la UE en combustibles fósiles importados (especialmente petróleo y gas natural) contribuye a este efecto.

A diferencia del ESR, el GPR no muestra un impacto significativo a largo plazo sobre las emisiones. Se encuentra un efecto mitigador a corto plazo, lo que sugiere que, en períodos de alta incertidumbre geopolítica, la desaceleración económica reduce temporalmente las emisiones.

Ahora bien, el efecto conjunto de ESR y GPR agrava las emisiones de Co2, ya que

a) La combinación de altos niveles de ESR y GPR genera un efecto escalonado en las emisiones;

b) Se concluye que la inseguridad energética y las tensiones geopolíticas pueden reforzarse mutuamente, aumentando la dependencia en fuentes de energía más contaminantes.

Por tanto, la doctrina afirma que los riesgos de seguridad energética representan una amenaza mayor para la reducción de emisiones que los riesgos geopolíticos en la UE. La fuerte dependencia de combustibles fósiles importados, sumada a la vulnerabilidad ante crisis energéticas y geopolíticas, incrementa las emisiones de carbono a largo plazo.

En líneas generales, se proponen varias estrategias para abordar estos desafíos:

1. Diversificación energética y reducción de la dependencia en combustibles fósiles importados:

   a) Acelerar la transición hacia fuentes de energía renovables y mejorar la eficiencia energética.

   b) Implementar políticas para fomentar inversiones en energía limpia y tecnologías de almacenamiento.

2. Fortalecimiento de la seguridad energética:

   a) Incentivar el desarrollo de infraestructura para fuentes de energía descentralizadas.

   b) Fomentar alianzas internacionales para reducir la vulnerabilidad a crisis de suministro.

3. Fijar políticas integradas para abordar simultáneamente el ESR y GPR:

   a) Diseñar estrategias coordinadas entre política económica, energética y climática.

   b) Implementar medidas regulatorias para estabilizar los mercados energéticos y reducir la volatilidad de precios.

3. Protocolos y acuerdos internacionales

Entre otros compromisos especialmente destacados encontramos los siguientes:

– Convención Marco de las Naciones Unidas sobre el Cambio Climático (CMNUCC) (1992)[9]: Este tratado internacional tiene como objetivo estabilizar las concentraciones de gases de efecto invernadero en la atmósfera para prevenir interferencias peligrosas en el sistema climático.

---

9   CMNUCC, 1992 : Convención Marco de las Naciones Unidas sobre el Cambio Climático. Naciones Unidas, FCCC/INFORMAL/84 GE. 05-62220 (E) 200705, Secretaría de la Convención Marco de las Naciones Unidas sobre el Cambio Climático, Bonn, Alemania,

- Protocolo de Kioto (1997)[10]: Como extensión de la CMNUCC, este protocolo establece compromisos vinculantes para que los países desarrollados reduzcan sus emisiones de gases de efecto invernadero.

- Acuerdo de París (2015)[11]: Este acuerdo internacional busca limitar el aumento de la temperatura global a menos de 2°C, preferiblemente a 1,5°C, en comparación con niveles preindustriales.

- Informes del Grupo Intergubernamental de Expertos sobre el Cambio Climático (IPCC): El IPCC proporciona evaluaciones científicas periódicas sobre el cambio climático, sus impactos y opciones de mitigación y adaptación.

3.1. Aportaciones desde el Fondo Monetario Internacional

En 2021, el FMI señalaba la importancia de la cooperación internacional en la implementación de precios mínimos del carbono para reducir las emisiones globales. Este mecanismo se centraría en los principales emisores, como China, India, Estados Unidos y la Unión Europea, que juntos representan casi dos tercios de las emisiones mundiales de CO_2 proyectadas para 2030. La idea es que estos países acuerden un precio mínimo del carbono, lo que proporcionaría una señal económica clara para reducir las emisiones y abordaría preocupaciones sobre la competitividad internacional.

El diseño del acuerdo sería pragmático, permitiendo diferentes niveles de precios según el nivel de desarrollo de cada país y ofreciendo flexibilidad para aquellos que no puedan implementar la tarificación del carbono de inmediato, siempre que logren reducciones equivalentes de emisiones mediante otras políticas. Por ejemplo, un acuerdo con precios mínimos de $75, $50 y $25 por tonelada para países avanzados, emergentes de altos ingresos y emergentes de bajos ingresos, respectivamente, podría reducir las emisiones globales en un 23% para 2030 en comparación con las proyecciones actuales, alineándose con el objetivo de limitar el calentamiento global por debajo de 2°C. Este tema ha sido bien analizado, entre otros, por Ian Parry y Vitor Gaspar[12].

Tal y como establece el propio Parry (que recordemos que en 2021 ejercía como experto principal de la política fiscal ambiental en el Departamento de Finanzas Públicas del FMI:

1. La tarificación del carbono puede implementarse fácilmente.

2. La tarificación del carbono está cobrando impulso.

3. La tarificación del carbono debe ser parte de una estrategia integral de mitigación.

4. La tarificación del carbono debe coordinarse a nivel internacional mediante la fijación de un precio mínimo.

5. Un precio mínimo con un diseño pragmático es más promisorio que otros regímenes.

Adicionalmente, J. Chateau, F. Jaumotte y G. Scherhoff del departamento de estudios del FMI, han analizado las ventajas de un precio mínimo internacional del Carbono[13], destacando:

1. Reducción Efectiva de Emisiones: La implementación simultánea de este precio mínimo en todos los países podría lograr reducciones de emisiones suficientes para cumplir el objetivo de limitar el calentamiento global a 2 grados Celsius.

2. Impacto Económico Moderado: Se estima que esta medida reduciría el Producto Interno Bruto (PIB) mundial en un 1,5% para 2030 en comparación con un escenario sin precio mínimo. Los países más pobres experimentarían

---

10   Protocolo de Kioto de la Convención Marco de las Naciones Unidas sobre el Cambio Climático, 10 de diciembre de 1997, 2303 UNTS 162

11   Acuerdo de París de la Convención Marco de las Naciones Unidas sobre el Cambio Climático, 12 de diciembre de 2015, TIAS No. 16-1104.

12   Fondo Monetario Internacional. (2021, 18 de junio). A proposal to scale up global carbon pricing. IMF Blog. https://www.imf.org/es/Blogs/Articles/2021/06/18/blog-a-proposal-to-scale-up-global-carbon-pricing

13   Chateau, J., Jaumotte, F., y Schwerhoff, G. (2022). Economic and environmental benefits from international cooperation on climate policies. Fondo Monetario Internacional.

una desaceleración menor, alrededor del 0,6%. Estos costos son justificables al prevenir los impactos económicos mucho más elevados asociados al cambio climático no mitigado.

3. Equidad en la Transición: Al establecer precios mínimos diferenciados, se asegura que los costos de la transición se distribuyan de manera equitativa, considerando las responsabilidades y capacidades de cada país. Esto reduce la necesidad de transferencias financieras adicionales entre naciones, que a menudo son políticamente sensibles.

También destacan que, aunque la tarificación del carbono es fundamental, no es la única herramienta necesaria. Debe complementarse con inversiones en energías renovables, regulaciones ambientales y subsidios a tecnologías limpias para maximizar su efectividad y minimizar posibles impactos económicos adversos.

La implementación de un precio mínimo internacional del carbono enfrenta desafíos significativos:

– Coordinación Internacional: Requiere un alto grado de cooperación y compromiso entre países con diferentes intereses y niveles de desarrollo.

– Medición y Verificación: Es crucial establecer mecanismos robustos para medir y verificar las emisiones y las reducciones logradas.

– Aceptación Política y Social: Es necesario diseñar políticas que sean socialmente aceptables y que cuenten con el respaldo político necesario para su implementación efectiva.

Por ello, la propuesta de un precio mínimo internacional del carbono ofrece una vía prometedora para abordar el cambio climático de manera equitativa y eficiente. Al fomentar la cooperación internacional y reconocer las diferencias económicas entre países, esta iniciativa podría acelerar la transición hacia una economía global más sostenible, garantizando al mismo tiempo que los costos y beneficios se distribuyan de manera justa.

3.2. "Tarificación del carbono y comercio internacional". Aportaciones desde la Organización Mundial de Comercio (2022)[14]

Este documento analiza cómo los mecanismos de tarificación del carbono pueden influir en el comercio internacional y apoyar la transición hacia economías menos dependientes de combustibles fósiles.

En lo referente específicamente a tarificación del carbono (páginas 90 a 109 del Informe), se examina la relación entre el comercio internacional y las políticas de tarificación del carbono, destacando su impacto en la competitividad global, las cadenas de suministro y la cooperación multilateral. Se refleja como la tarificación del carbono es una herramienta clave en la lucha contra el cambio climático, ya que asigna un costo a las emisiones de gases de efecto invernadero (GEI) para incentivar su reducción. Existen principalmente dos mecanismos de tarificación:

– Impuestos al carbono, que establecen un precio fijo por tonelada de CO_2 emitido;

– Sistemas de comercio de emisiones (ETS), que fijan un límite total de emisiones permitidas y permiten a las empresas comprar y vender derechos de emisión.

Ambos sistemas buscan internalizar el costo ambiental de las emisiones y promover el uso de tecnologías más limpias. Sin embargo, su aplicación varía según el país, lo que genera asimetrías en la competitividad global.

Respecto al Impacto en el comercio internacional, las diferencias en la tarificación del carbono entre países pueden afectar el comercio de varias maneras:

– Competitividad y riesgo de fuga de carbono: Las industrias en países con regulaciones ambientales más estrictas pueden enfrentar mayores costos de producción en comparación con aquellas en países con regulaciones más laxas. Esto puede llevar a la reubicación de industrias intensivas en carbono hacia países con estándares ambientales menos rigurosos, un fenómeno conocido como "fuga de carbono";

---

14   Organización Mundial del Comercio. (2022). Informe sobre el Comercio Mundial 2022. OMC.

– Distorsiones comerciales: Si bien la tarificación del carbono busca reducir emisiones, su implementación desigual puede crear barreras comerciales implícitas. Empresas de países sin precios al carbono pueden beneficiarse de menores costos, lo que genera preocupaciones sobre competencia desleal.

Para mitigar la fuga de carbono y evitar distorsiones comerciales, algunos países han propuesto mecanismos de ajuste en frontera por emisiones de carbono (*Carbon Border Adjustment Mechanisms* o CBAM). Estas medidas imponen aranceles a productos importados según su contenido de carbono, asegurando que tanto productores nacionales como extranjeros enfrenten costos similares. Si bien estos mecanismos buscan garantizar una competencia equitativa, plantean desafíos en términos de compatibilidad con las normas de la OMC. Existen preocupaciones sobre su impacto en países en desarrollo y su posible uso como barreras proteccionistas disfrazadas de políticas climáticas.

Entre los sectores estratégicos, se encontrarían:

Grupo	Sectores	Motivos
Industria pesada intensiva en carbono	Cemento Acero Aluminio Fertilizantes Productos químicos básicos	Elevadas emisiones de CO2 por procesos industriales y consumo energético
Energía	Generación eléctrica basada en carbón Petróleo Gas natural	Es uno de los principales emisores globales de GEI
Transporte internacional	Aviación transporte marítimo	Difícil de asignar emisiones por país, pero muy relevantes para el comercio global.
Agricultura		Aunque no siempre está sujeta a esquemas estrictos de tarificación, se menciona por su impacto climático indirecto y la necesidad de estrategias diferenciadas

La OMC discute cómo estos sectores pueden incluirse en esquemas de tarificación multilateral.

Finalmente, el Informe enfatiza la necesidad de un enfoque coordinado a nivel internacional para evitar conflictos comerciales y garantizar que las medidas de tarificación del carbono sean justas y efectivas. La OMC puede desempeñar un papel clave al facilitar el diálogo entre países y establecer principios comunes que alineen las políticas de carbono con el comercio internacional.

La OMC señala como la tarificación del carbono es una herramienta poderosa para reducir emisiones, pero su impacto en el comercio internacional debe gestionarse cuidadosamente. Por ello, la cooperación multilateral es esencial para garantizar que estas políticas sean eficaces sin generar distorsiones comerciales o perjudicar a los países con menor capacidad de adaptación.

3.3. Hacia una cooperación internacional para la descarbonización de industrias intensivas en energía

Como ya hemos mencionado, el Acuerdo de París establece la meta de limitar el aumento de la temperatura global a menos de 2°C, con un objetivo ideal de 1.5°C. Para alcanzar esta meta, es esencial una "descarbonización profunda de las industrias intensivas en energía (EIIs)" antes de mediados de este siglo.

Las EIIs incluyen sectores como:

- Hierro y acero

- Cemento

- Químicos básicos

- Aluminio

Este tema ha sido profusamente analizado, entre otros, por S. Otto y S. Oberthür[15]. Como recogen en su artículo, en 2019, las EIIs fueron responsables del 17% de las emisiones globales de gases de efecto invernadero (GEI). A pesar de la existencia de tecnologías y estrategias de mitigación, este sector no está en camino de alcanzar emisiones cercanas a cero neto para 2050.

La doctrina sobre la descarbonización industrial ha señalado que la gobernanza global y la cooperación internacional son clave para superar las barreras tecnológicas, económicas y políticas que dificultan la transición hacia la sostenibilidad. Sin embargo, aún no se ha realizado un análisis sistemático y actualizado sobre la capacidad de la gobernanza global para enfrentar estos desafíos.

Entre las estrategias para la descarbonización de las EIIs se incluyen:

1. Mejoras en la eficiencia energética y de materiales;

2. Cambio a combustibles bajos en carbono;

3. Captura, uso y almacenamiento de carbono (CCUS);

4. Mayor circularidad en los flujos de materiales;

5. Cambios en el comportamiento de los consumidores

Sin embargo, la implementación de estas estrategias enfrenta barreras significativas:

a) Tecnológicas: Falta de madurez de tecnologías disruptivas, acceso limitado a energía limpia e infraestructura adecuada.

b) Económicas: Altos costos de inversión, volatilidad de precios, competencia en mercados internacionales.

c) Políticas: Falta de regulaciones estrictas, preocupaciones por fuga de carbono y pérdida de competitividad.

Por ende, las organizaciones internacionales pueden ayudar a superar estos desafíos mediante seis funciones clave de gobernanza según los autores:

1) Señalización y orientación: Proveer directrices claras sobre la descarbonización a largo plazo.

2) Regulación y reglas colectivas: Establecer normas, estándares y objetivos sectoriales.

3) Transparencia y rendición de cuentas: Monitoreo y verificación de emisiones.

4) Medios de implementación: Financiación, transferencia de tecnología y desarrollo de capacidades.

5) Conocimiento y aprendizaje: Difusión de mejores prácticas y datos relevantes.

6) Orquestación y coordinación: Sincronización de esfuerzos entre diversas iniciativas y actores.

3.4. Foros internacionales: el Climate Club de 2023

Desde el Acuerdo de París, la gobernanza global de las EIIs ha crecido significativamente. Desde 2020, el número de iniciativas internacionales se ha triplicado y se han creado más de treinta organismos que cubren diferentes funciones de gobernanza.

---

15 Otto, S., & Oberthür, S. (2024). International cooperation for the decarbonization of energy-intensive industries: Unlocking the full potential. Climate Policy.

Entre ellos, está el *Climate Club*. Se trata de un foro intergubernamental de alto nivel que busca acelerar la descarbonización industrial y fortalecer la cooperación climática internacional. Fundado en diciembre de 2023 durante la COP28 en Dubái, el club ha crecido con rapidez, contando actualmente con 46 miembros, a la Unión Europea.

La misión principal del *Climate Club* es apoyar la implementación efectiva del Acuerdo de París, promoviendo acciones climáticas ambiciosas con un enfoque particular en la descarbonización de sectores industriales intensivos en emisiones, como el acero y el cemento. Estos sectores son fundamentales debido a su alta contribución a las emisiones globales de gases de efecto invernadero y la complejidad inherente en su transición hacia procesos más limpios.

Reconociendo que los países tienen diferentes puntos de partida y estrategias, el *Climate Club* fomenta la cooperación para mejorar el entorno que facilite la descarbonización industrial, especialmente en economías emergentes y en desarrollo. Además de centrarse en el intercambio entre gobiernos, el club involucra a partes interesadas relevantes y expertos de la academia, grupos de reflexión, sociedad civil y sector privado, aprovechando su experiencia y complementando el trabajo de organizaciones e iniciativas internacionales relacionadas.

Las actividades del *Climate Club* se estructuran en torno a tres pilares interrelacionados:

a. Diálogo Estratégico y Cooperación: Facilitar el intercambio de evaluaciones y mejores prácticas sobre políticas de mitigación ambiciosas y transparentes, trabajando hacia una comprensión común de la efectividad e impacto económico de dichas políticas.

b. Asistencia Financiera y Técnica: Mejorar el entorno propicio para la descarbonización industrial en economías emergentes y en desarrollo, facilitando la alineación, coordinación y vinculación de la asistencia técnica y financiera internacional existente.

c. Participación de Partes Interesadas: Involucrar a actores relevantes del sector privado, academia, grupos de reflexión y sociedad civil para aprovechar su experiencia y complementar los esfuerzos en curso de organizaciones e iniciativas internacionales relacionadas.

Una de las iniciativas clave del *Climate Club* es la Plataforma Global de Matchmaking (GMP), lanzada en colaboración con la Organización de las Naciones Unidas para el Desarrollo Industrial (ONUDI) durante la COP29 en noviembre de 2024. Esta plataforma única está dedicada a acelerar la descarbonización en sectores difíciles de mitigar en economías emergentes y en desarrollo, facilitando la alineación, coordinación y vinculación de la asistencia técnica y financiera internacional existente.

Durante la COP29, el *Climate Club* organizó la Reunión de Líderes el 12 de noviembre de 2024, centrada en el avance estratégico y el desarrollo del club. En este evento, se presentó la Declaración del *Climate Club* COP29, reafirmando el compromiso de los miembros con la descarbonización industrial y destacando la importancia de la cooperación internacional para alcanzar los objetivos climáticos globales.

Además, el 18 de noviembre de 2024, en el contexto del *Climate Club* y otras iniciativas relevantes, Alemania, Reino Unido y Canadá, junto con los Fondos de Inversión Climática (CIF), anunciaron el "Compromiso Global COP29: Escalando la asistencia internacional para la descarbonización industrial", enfatizando la necesidad de aumentar la asistencia financiera y técnica para apoyar la transición industrial en economías emergentes y en desarrollo.

3.5. Reflexiones desde la OCDE

El informe "Fiscalidad y Desarrollo en la OCDE (2009-2024)"[16] hace una breve referencia al uso de instrumentos fiscales ambientales, en particular la tarificación del carbono, como parte de las estrategias fiscales modernas en países en desarrollo. Aunque no es uno de los ejes centrales del documento, se menciona que 35 países en desarrollo están incluidos en la base de datos de tarificación del carbono de la OCDE. Esta herramienta recoge información

---

16 OCDE. (2024). Fiscalidad y desarrollo en la OCDE: Una mirada retrospectiva 2009-2024. Organización para la Cooperación y el Desarrollo Económicos

sobre políticas fiscales que imponen un precio a las emisiones de gases de efecto invernadero, como los impuestos al carbono o los sistemas de comercio de emisiones (ETS).

La inclusión de estos países en la base de datos refleja el creciente interés y compromiso global, incluso entre economías en desarrollo, con la incorporación de criterios ambientales en sus sistemas fiscales. También sugiere que estas jurisdicciones están considerando (o ya aplican) mecanismos que internalizan el costo ambiental del carbono, alineándose con los principios del "quien contamina, paga" y del desarrollo sostenible.

La OCDE apoya la transparencia y el análisis comparativo de estas políticas mediante dicha base de datos, que sirve tanto para monitorear su evolución como para facilitar el intercambio de experiencias y buenas prácticas entre países.

El Informe "Corporate income tax, investment, and the Net Zero Transition: Issues for consideration"[17] destaca que la tarificación del carbono (*carbon pricing*) es una de las herramientas más eficaces para reducir emisiones de gases de efecto invernadero (GEI). Se basa en el principio de que los emisores deben pagar por los costos sociales del carbono que generan, lo cual incentiva una transición hacia tecnologías más limpias. Las formas típicas de tarificación del carbono incluyen:

- Impuestos al carbono

- Sistemas de comercio de emisiones (ETS)

Sin embargo, la aplicación global de estos mecanismos aún es limitada. Para 2021, el 58% de las emisiones de GEI no estaban sujetas a ningún precio, y el 93% estaban valoradas por debajo de los 60 EUR/tCO2, una cifra inferior al costo social estimado del carbono.

El Informe argumenta que los incentivos fiscales para la inversión limpia (como exenciones del impuesto de sociedades o deducciones aceleradas) pueden complementar la tarificación del carbono, pero no la sustituyen completamente. Algunas limitaciones de los incentivos fiscales como herramienta climática son:

- No estimulan reducciones adicionales una vez hecha la inversión.

- Ofrecen los mismos beneficios fiscales a empresas con alta y baja intensidad de carbono.

- No reflejan diferencias entre tecnologías en términos de eficiencia ambiental.

- Sustituyen ingresos públicos en lugar de generarlos (a diferencia de la tarificación del carbono).

A pesar de ello, estos incentivos pueden mejorar la aceptabilidad política*de las políticas climáticas ("zanahorias" frente a "palos") y ser útiles en contextos donde los precios del carbono son inestables, bajos o poco creíbles.

La OCDE sugiere que una combinación secuenciada de políticas (tarificación del carbono + incentivos fiscales + subsidios) puede ser más eficaz que aplicar instrumentos aislados. Por ejemplo:

- En Bélgica, Dinamarca y Países Bajos, los incentivos fiscales fueron implementados junto con aumentos en los impuestos sobre la energía.

- El efecto sinérgico permite alcanzar objetivos de reducción de emisiones, al tiempo que se distribuyen los costos y beneficios de forma más equitativa.

En ese sentido, aunque los incentivos fiscales tienen limitaciones, pueden desempeñar un papel clave en la política climática si se diseñan cuidadosamente.

El documento plantea que los sistemas fiscales deben ser revisados y reformados para garantizar que no estén incentivando directa o indirectamente el uso de tecnologías intensivas en carbono. De hecho, aún existen incentivos fiscales para combustibles fósiles en muchos países, lo cual contradice los objetivos climáticos.

En este marco, se aboga por:

---

17   OCDE. (2025). Corporate income tax, investment and the net-zero transition: Issues for consideration (Taxation Working Papers No. 73). Organisation for Economic Co-operation and Development.

– Eliminar subsidios e incentivos fiscales perjudiciales al clima.

– Coordinar la tarificación del carbono con políticas fiscales corporativas

– Diseñar incentivos que condicionen su otorgamiento al desempeño climático de las inversiones.

La OCDE sostiene que, aunque los incentivos fiscales pueden catalizar la inversión en tecnologías limpias, la tarificación del carbono sigue siendo el instrumento más eficiente y estructuralmente robusto para guiar a las economías hacia la neutralidad de carbono. Para que las políticas fiscales apoyen efectivamente la transición ecológica, deben:

a) Estar alineadas con un sistema de precios del carbono justo y creíble.

b) Ser evaluadas regularmente en términos de su impacto real en las emisiones.

c) Estar acompañadas de un marco normativo claro y coherente.

3.6. Desafíos y brechas en la gobernanza global

En un artículo publicado por Daniel Klier en octubre de 2024[18], el autor destaca la necesidad urgente de implementar regulaciones reflexivas para mejorar y consolidar los mercados de carbono.

A pesar de los avances significativos en estos mercados, persisten desafíos como la variabilidad en las metodologías para estimar y calcular el impacto del carbono, la diversidad de estándares y la aplicación de diferentes normativas según cada país. Esta falta de alineación y complejidad genera controversias y escepticismo, lo que ralentiza el progreso esencial en la lucha contra el cambio climático.

Los mercados de carbono poseen un potencial enorme para facilitar reducciones de emisiones rentables y acelerar los esfuerzos globales de descarbonización. Al crear incentivos financieros, promueven la innovación en tecnologías más limpias y movilizan capital privado a gran escala. Sin embargo, el valor total de estos mercados en 2023 fue de 949.000 millones de dólares, cifra que cubre menos de una cuarta parte de la financiación necesaria para la mitigación climática hasta 2030.

Para maximizar el impacto ambiental y fomentar la adopción generalizada de los mercados de carbono, es crucial establecer marcos regulatorios que restauren la confianza y la transparencia, incentiven la innovación y aseguren una alineación global en los estándares de integridad de los créditos de carbono. Además, mejorar la transparencia del mercado y promover avances tecnológicos son pasos esenciales para transformar los desafíos actuales en oportunidades significativas.

En conclusión, Klier manifiesta que la implementación de regulaciones inteligentes es fundamental para desbloquear cambios significativos y garantizar que los mercados de carbono alcancen su máximo potencial en la protección del planeta.

Adicionalmente, otros autores como Michel Grubb[19], señalan como retos:

1) Falta de reglas para acción colectiva:

a) Existen estándares voluntarios, pero no hay objetivos vinculantes ni normas obligatorias.

b) La fuga de carbono sigue siendo una preocupación sin una solución global coordinada.

2) Insuficiente financiación para países en desarrollo

a) La financiación para la descarbonización de EIIs en el Sur Global sigue siendo muy limitado.

---

18 Reuters. (2024, October 3rd It's time for regulation to determine the future of carbon markets. Reuters. https://www.reuters.com/sustainability/climate-energy/comment-its-time-regulation-determine-future-carbon-markets-2024-10-03 Consultado por última vez el 20 de marzo de 2025.

19 Grubb, M., Poncia, A. Drummond, P. Neuhoff, K. y Hourcade, J.C. Policy complementarity and the paradox of carbon pricing, Oxford Review of Economic Policy, Volume 39, Issue 4, Winter 2023, pp. 711–730.

b) Se requieren alrededor de $20 mil millones anuales para apoyar la transición en países en desarrollo.

3) Falta de enfoque en sectores clave: La gobernanza actual está desbalanceada. Se ha centrado en acero y cemento, pero menos en químicos y aluminio.

4) Coordinación deficiente: Muchas iniciativas trabajan de forma fragmentada, sin una estrategia común.

5) Falta de liderazgo para organizar la cooperación internacional.

4. El papel de la Unión Europea: Justificación económica y ambiental en el marco comunitario

La sensibilidad (y por tanto exigencia) de promover un crecimiento sostenible ha estado presente desde las primeras comunidades europeas hasta la actualidad. Sin necesidad de remontarnos a 1951, en la actual versión consolidada del Tratado de la Unión Europea, en su preámbulo, se recoge como los firmantes están "DECIDIDOS a promover el progreso social y económico de sus pueblos, teniendo en cuenta el principio de desarrollo sostenible, dentro de la realización del mercado interior y del fortalecimiento de la cohesión y de la protección del medio ambiente, y a desarrollar políticas que garanticen que los avances en la integración económica vayan acompañados de progresos paralelos en otros ámbitos"[20].

Para ello, hemos dotado a la UE de competencias en materia de política medioambiental. Según los artículos 4, 11 y 191 al 193 del Tratado de Funcionamiento de la Unión Europea (TFUE), la UE tiene competencia en todas las áreas de la política medioambiental, incluyendo el cambio climático[21]. Sin embargo, su capacidad de acción está limitada por el principio de subsidiariedad[22].

La responsabilidad de combatir el cambio climático es compartida entre la UE y sus Estados miembros, lo que significa que ambos pueden establecer normas con carácter vinculante. No obstante, los Estados solo pueden legislar en este ámbito cuando la UE no haya ejercido su competencia o haya decidido no hacerlo. Además, dentro de cada país, ciertos aspectos pueden ser gestionados por autoridades locales o regionales. Asimismo, corresponde a los Estados miembros garantizar la aplicación efectiva de la normativa.

Antes de avanzar en los mandados actuales autoimpuestos por la Comisión, es importante señalar como se compaginan el Art. 191 y el Art. 3.2 del TFUE.

El Art. 191 TFUE, que abre Título XX (Medio ambiente) recoge que:

"1. La política de la Unión en el ámbito del medio ambiente contribuirá a alcanzar los siguientes objetivos:

– la conservación, la protección y la mejora de la calidad del medio ambiente,

– la protección de la salud de las personas,

– la utilización prudente y racional de los recursos naturales,

– el fomento de medidas a escala internacional destinadas a hacer frente a los problemas regionales o mundiales del medio ambiente. y en particular a luchar contra el cambio climático".

---

20   Tratado de Lisboa por el que se modifican el Tratado de la Unión Europea y el Tratado constitutivo de la Comunidad Europea, firmado en Lisboa, el 13 de diciembre de 2007 (DO C 306 de 17.12.2007, pp. 1-271)

21   Entre las competencias compartidas se encuentran la política de medio ambiente y la política de energía.
      El Art. 11 establece que las exigencias de la protección del medio ambiente deberán integrarse en la definición y en la realización de las políticas y acciones de la Unión, en particular con objeto de fomentar un desarrollo sostenible."

22   En este marco, las normativas que se armonicen para cumplir con los requisitos de protección ambiental podrán, cuando sea necesario, incluir una cláusula de salvaguardia. Esta permitirá a los Estados miembros implementar medidas temporales por razones ecológicas, siempre bajo la supervisión y el control de la UE.

Por lo tanto, hay una base jurídica que establece un mandato a participar en la gobernanza a nivel global. Así mismo, el Art. 191.2 TFUE continúa estableciendo que la política medioambiental de la Unión Europea tiene como propósito garantizar un alto nivel de protección, considerando las diferentes circunstancias que existen en las diversas regiones del territorio comunitario. Se fundamenta en los principios de precaución y prevención, en la corrección del daño ambiental desde su origen y en la premisa de que quien contamina debe asumir los costes de su impacto ("quien contamina paga"). Finalmente, el Art. 191.4 TFUE establece como "en el marco de sus respectivas competencias, la Unión y los Estados miembros cooperarán con los terceros países y las organizaciones internacionales competentes. Las modalidades de la cooperación de la Unión podrán ser objeto de acuerdos entre ésta y las terceras partes interesadas" (por supuesto sin perjuicio de la competencia de los Estados miembros para negociar en las instituciones internacionales y para concluir acuerdos internacionales).

Es aquí cuando enlazamos con lo dispuesto en el Art.3.2, en donde se establece que "la Unión dispondrá también de competencia exclusiva para la celebración de un acuerdo internacional cuando dicha celebración esté prevista en un acto legislativo de la Unión, cuando sea necesaria para permitirle ejercer su competencia interna o en la medida en que pueda afectar a normas comunes o alterar el alcance de éstas.

4.1. Una estrategia europea en el S. XXI: "Objetivo 55"

Comenzado el nuevo siglo, en 2001, el "Libro Blanco sobre la Gobernanza Europea"[23] examinaba la importancia de reformar la estructura de gobierno de la UE para hacerla más accesible y cercana a la ciudadanía. Si bien su enfoque principal es la gobernanza dentro de la Unión Europea, también trata temas vinculados a la gobernanza global, destacando la relevancia de la transparencia, la participación ciudadana y la eficiencia en la toma de decisiones.

El paquete "Fit for 55" es una iniciativa de la UE diseñada para reducir las emisiones netas de gases de efecto invernadero en al menos un 55% para 2030, en comparación con los niveles de 1990, y encaminar a la UE hacia la neutralidad climática para 2050.

Objetivos principales del paquete:

1) Transición justa y socialmente equitativa. Garantizar que la transición hacia una economía verde sea inclusiva, asegurando que ningún ciudadano o región quede rezagado.

2) Innovación y competitividad industrial: Mantener y fortalecer la innovación y la competitividad de la industria de la UE, asegurando condiciones equitativas en relación con operadores económicos de terceros países.

3) Liderazgo global en la lucha contra el cambio climático: Reforzar la posición de la UE como líder en la lucha global contra el cambio climático.

4.1.1. La Reforma del Sistema de Comercio de Emisiones de la UE (EU ETS)[24]

El Sistema de Comercio de Emisiones de la Unión Europea (EU ETS) es uno de los mercados de carbono más grandes del mundo y la herramienta clave de la UE para reducir las emisiones de gases de efecto invernadero.

Este sistema establece un precio al carbono. Cada año, las entidades incluidas en el EU ETS deben comprar "derechos de emisión" en función de la cantidad de gases de efecto invernadero que emiten.

1. Se establece un límite anual sobre el número de derechos de emisión disponibles en el mercado.

2. Este límite se reduce cada año, lo que genera incentivos financieros para que las empresas reduzcan sus emisiones.

---

23   Comunicación de la Comisión, de 25 de julio de 2001, «La gobernanza europea - Un Libro Blanco» [COM (2001) 428 final - Diario Oficial C 287 de 12.10.2001].

24   Consejo de la Unión Europea. (s.f.). Reforma del régimen de comercio de derechos de emisión de la UE.

3. Sin embargo, ciertos sectores que enfrentan el riesgo de fuga de carbono reciben derechos de emisión gratuitos para mantener su competitividad.

El sistema abarca aproximadamente el 40% de las emisiones totales de la UE y ha demostrado ser una herramienta clave para la reducción de emisiones. Desde su implementación en 2005, las emisiones en los sectores cubiertos por el ETS han disminuido un 41%. Con la reforma, se espera una mayor reducción de emisiones, acercando a la UE a su meta de neutralidad climática.

El EU ETS abarca aproximadamente 10.000 empresas en los siguientes sectores:

a) Generación de electricidad y calor.

b) Industrias con alto consumo energético, como refinerías de petróleo, siderurgia, producción de cemento, vidrio y papel.

c) Aviación comercial (vuelos dentro del Espacio Económico Europeo).

No obstante, existen sectores que, aunque no están incluidos en el EU ETS (I), son fundamentales en las estrategias de reducción de emisiones de la UE:

1. Transporte por carretera: vehículos particulares y comerciales.

2. Edificios: emisiones derivadas de la calefacción y refrigeración.

3. Agricultura: principalmente emisiones de metano y óxidos de nitrógeno.

4. Gestión de residuos: emisiones provenientes de vertederos y tratamiento de residuos.

Entre los principales cambios con la reforma del EU ETS se encuentran:

1. Fijar unos objetivos más ambiciosos de reducción de emisiones

a) Nueva reducción del 62% en emisiones.

b) Mayor disminución del límite de emisiones y reducción del número de derechos disponibles en el mercado:

c) Eliminación de 117 millones de derechos de emisión en dos años.

d) Reducción anual del 4.3% (2024-2027) y 4.4% (2028-2030), en comparación con el 2.2% actual.

2. Expansión del ETS a nuevos sectores

a) Transporte marítimo (se implementará gradualmente entre 2024 y 2026).

b) Creación de un nuevo ETS separado para edificios, transporte por carretera y combustibles en sectores adicionales.

c) Eliminación progresiva de los derechos de emisión gratuitos.

d) Se reducirá la asignación gratuita de derechos a ciertos sectores en paralelo con la introducción del Mecanismo de Ajuste en Frontera por Carbono (CBAM, por sus siglas en inglés).

e) Este mecanismo aplicará un precio al carbono a productos con alto consumo energético importados a la UE, evitando la fuga de carbono.

3. Mayor financiación para la descarbonización de los sectores ETS

a) Fondo de Modernización y Fondo de Innovación para apoyar la transición hacia tecnologías limpias.

b) Hasta 65.000 millones de euros para mitigar el impacto de los precios del carbono en edificios, transporte por carretera y combustibles en sectores adicionales.

c) Parte de los ingresos de los derechos de emisión en los sectores de edificios y transporte contribuirán al Fondo Social para el Clima, destinado a proteger a las personas y empresas más vulnerables ante el impacto del nuevo sistema de comercio de emisiones.

Con estos cambios, la UE refuerza su compromiso con la reducción de emisiones y la transición hacia una economía climáticamente neutra, garantizando al mismo tiempo la competitividad de sus industrias y la protección de los sectores más vulnerables.

4.1.2. Mecanismo de Ajuste en Frontera por Carbono (CBAM)

El Reglamento (UE) 2023/956 del Parlamento Europeo y del Consejo, de 10 de mayo de 2023[25], establece un Mecanismo de Ajuste en Frontera por Carbono (MAFC) con el objetivo de prevenir la "fuga de carbono" y garantizar que las importaciones en la Unión Europea (UE) estén sujetas a normas similares a las aplicadas a la producción interna en términos de emisiones de gases de efecto invernadero (GEI).

La UE ha intensificado sus esfuerzos para combatir el cambio climático, comprometiéndose a reducir sus emisiones netas de GEI en al menos un 55% para 2030 en comparación con los niveles de 1990, y alcanzar la neutralidad climática para 2050. Estas metas están en línea con el Acuerdo de París, que busca limitar el aumento de la temperatura global por debajo de 2°C, preferiblemente a 1,5°C, respecto a niveles preindustriales. Sin embargo, al aumentar la ambición climática de la UE, surge el riesgo de "fuga de carbono", donde las empresas podrían trasladar su producción a países con políticas climáticas menos estrictas, lo que socavaría la eficacia de las políticas de reducción de emisiones de la UE. El MAFC se introduce como una medida para mitigar este riesgo, asegurando que las importaciones estén sujetas a un precio del carbono equivalente al aplicado a los productos fabricados dentro de la UE.

El MAFC impone un precio al carbono emitido durante la producción de ciertos bienes importados a la UE. Inicialmente, se aplicará a sectores intensivos en carbono que presentan un alto riesgo de fuga de carbono, incluyendo:

– Cemento

– Hierro y acero

– Aluminio

– Fertilizantes

– Electricidad

– Hidrógeno

Durante un período transitorio que va del 1 de octubre de 2023 al 31 de diciembre de 2025, los importadores de estos productos deberán informar trimestralmente sobre las emisiones directas de GEI asociadas a las mercancías importadas, pero no estarán obligados a realizar pagos financieros. Esta fase permitirá a las autoridades y a las empresas adaptarse al nuevo sistema y recopilar datos esenciales para su plena implementación.

A partir del 1 de enero de 2026, el MAFC entrará en vigor plenamente. Los importadores deberán adquirir certificados MAFC equivalentes a las emisiones incorporadas en sus productos importados. El precio de estos certificados se basará en el precio medio de las subastas de los derechos de emisión en el Régimen de Comercio de Derechos de Emisión de la UE (RCDE UE). Si un importador puede demostrar que ya ha pagado un precio del carbono en el país de origen de las mercancías, se permitirá una deducción correspondiente para evitar la doble imposición.

Para operar bajo el MAFC, los importadores deberán:

1) Registrarse como declarantes autorizados**: Obtener una autorización de la autoridad competente del Estado miembro donde estén establecidos para poder importar mercancías sujetas al MAFC.

2) Declarar las emisiones incorporadas: Presentar anualmente una declaración MAFC que detalle la cantidad de cada tipo de mercancía importada y las emisiones de GEI asociadas.

---

25   Parlamento Europeo y Consejo de la Unión Europea. (2023). Reglamento (UE) 2023/956 del Parlamento Europeo y del Consejo, de 10 de mayo de 2023, por el que se establece un Mecanismo de Ajuste en Frontera por Carbono. Diario Oficial de la Unión Europea, L 130/52

3) Entregar certificados MAFC: Adquirir y entregar una cantidad de certificados MAFC que corresponda a las emisiones declaradas.

El incumplimiento de estas obligaciones puede resultar en sanciones financieras y la suspensión del derecho a importar mercancías sujetas al MAFC.

Las emisiones incorporadas en las mercancías se calcularán de la siguiente manera:

a) Emisiones directas: GEI liberados durante el proceso de producción de las mercancías.

b) Emisiones indirectas: GEI asociados a la electricidad utilizada en la produccciónón de las mercancíaías.

En el periodo transitorio, solo se requerirá informar sobre las emisiones directas. Posteriormente, la Comisión evaluará la posibilidad de incluir las emisiones indirectas en el ábito del MAFC. El MAFC contempla ciertas exenciones, especialmente para países que participan en el RCDE UE o que tienen sistemas de precios del carbono vinculados al de la UE. Además, los países menos desarrollados y otros países con ingresos bajos enumerados por la OCDE pueden estar exentos para evitar impactos negativos en sus economías.

Los ingresos obtenidos de la venta de certificados MAFC se destinarán al presupuesto general de la UE. Estos fondos contribuirán a financiar iniciativas relacionadas con el clima y la transición hacia una economía baja en carbono, apoyando tanto a los Estados miembros como a los países terceros en sus esfuerzos de descarbonización.

El diseño del MAFC busca ser compatible con las normas de la Organización Mundial del Comercio (OMC). Al aplicar un precio del carbono a las importaciones equivalente al que se aplica a los productos nacionales, se pretende garantizar condiciones de competencia equitativas y evitar discriminaciones injustas entre productos importados y domésticos.

Finalmente, la Comisión Europea llevará a cabo revisiones periódicas del MAFC para evaluar su eficacia y eficiencia. La primera revisión está programada para antes del final del período transitorio, es decir, antes del 31 de diciembre de 2025. Esta evaluación considerará aspectos como la ampliación del ámbito de aplicación del MAFC a otros productos y servicios, la inclusión de emisiones indirectas y la eficacia del mecanismo en la prevención de la fuga de carbono.

Ahora bien, el CBAM no está libre de críticas. En un artículo publicado por el real Instituto ElCano titulado "El "arancel al carbono (CBAM)": ¿proteccionismo verde o liderazgo global contra el cambio climático?"[26], se reflexiona sobre cómo aunque el CBAM persigue objetivos legítimos, su aplicación presenta varios desafíos y riesgos potenciales:

a) Pérdida de competitividad: las exportaciones europeas podrían volverse menos competitivas si otros países implementan medidas de represalia o si los productos europeos se encarecen debido al arancel.

b) Impacto en países vulnerables: las economías en desarrollo que dependen de exportaciones de productos intensivos en carbono podrían verse afectadas negativamente, lo que podría exacerbar las desigualdades económicas y obstaculizar su desarrollo sostenible.

c) Tensiones geopolíticas: la implementación del CBAM podría generar conflictos comerciales y reducir la cooperación internacional en las negociaciones climáticas, especialmente si se percibe como una medida proteccionista disfrazada de política ambiental.

d) Complejidad administrativa: la correcta medición y verificación del contenido de carbono de las importaciones requerirá una infraestructura administrativa robusta, lo que podría aumentar los costos y la burocracia tanto para las empresas como para las autoridades.

Por lo tanto, según los autores y expertos sobre el tema, el CBAM representa un esfuerzo ambicioso de la UE por liderar la lucha contra el cambio climático y promover prácticas comerciales más sostenibles. Sin embargo, su éxito dependerá de una implementación cuidadosa que mitigue los riesgos mencionados y fomente la cooperación internacional. Es esencial que la UE trabaje en colaboración con sus socios comerciales para garantizar que el

---

26   López Piqueres, Á. (2023, julio 5). El arancel al carbono (CBAM): ¿proteccionismo verde o liderazgo global contra el cambio climático? Real Instituto Elcano. https://www.realinstitutoelcano.org/analisis/el-arancel-al-carbono-cbam-proteccionismo-verde-o-liderazgo-global-contra-el-cambio-climatico/

CBAM contribuya efectivamente a la reducción global de emisiones sin generar consecuencias económicas adversas o tensiones geopolíticas.

4.1.3. Regulación del esfuerzo compartido (ESR)

Este Rglamento[27] establece objetivos anuales vinculantes de reducción de emisiones de gases de efecto invernadero para los Estados miembros en sectores no cubiertos por el EU ETS, como:

– Transporte por carretera y marítimos domésticos

– Edificios

– Agricultura

– Residuos

– Pequeñas industrias

Las nuevas reglas aumentan el objetivo de reducción de emisiones a nivel de la UE para 2030 del 29% al 40% en comparación con 2005 en los sectores mencionados, actualizando también los objetivos nacionales en consecuencia. El Consejo adoptó su posición negociadora sobre las reglas revisadas en junio de 2022, y en noviembre de 2022 alcanzó un acuerdo provisional con el Parlamento Europeo. El reglamento fue adoptado por el Consejo en marzo de 2023.

5. La postura de la República Popular de China[28]

Tras el impacto negativo que dejó la COP15 en la imagen internacional de la República Popular China, se evidenciaron importantes transformaciones en su política climática exterior. Entre estas destacan la adopción de compromisos voluntarios, la creación de un grupo de comunicación específico para temas de cambio climático y una mayor disposición a participar en negociaciones internacionales, incluyendo la formación de un grupo de trabajo bilateral con Estados Unidos[29]. Como resultado de este giro en la diplomacia y política exterior, en 2014 se logró un acuerdo bilateral histórico con EE.UU., en el que ambos países se comprometieron a adherirse al Acuerdo de París y a asumir metas concretas de reducción de gases de efecto invernadero. Así, China pasó de ser señalada como un obstáculo en las negociaciones climáticas a convertirse en uno de los actores clave que impulsaron la firma del Acuerdo de París.

Durante la pandemia de Covid-19 se postergó la realización de la COP en la que debían comenzar a aplicarse las Contribuciones Determinadas a Nivel Nacional (NDC, por sus siglas en inglés). En la COP26, celebrada en 2021, el presidente Xi Jinping anunció que China se comprometería a alcanzar la neutralidad de carbono para 2060 y actualizó sus compromisos climáticos. Además, declaró que China dejaría de financiar nuevas centrales eléctricas de carbón en el extranjero. Sin embargo, en esa misma cumbre, el foco principal estuvo en la discusión sobre si eliminar progresivamente o abandonar por completo el uso de combustibles fósiles. Finalmente, el término "phase-out" fue excluido del documento final. Aunque gran parte de los medios responsabilizaron a India, China también

---

27 Reglamento (UE) 2018/842 del Parlamento Europeo y del Consejo, de 30 de mayo de 2018, sobre las reducciones anuales vinculantes de las emisiones de gases de efecto invernadero por parte de los Estados miembros de 2021 a 2030 que contribuyen a la acción por el clima para cumplir los compromisos adquiridos en virtud del Acuerdo de París. Diario Oficial de la Unión Europea, L 156, 26–42.

28 Estas reflexiones han sido revisadas por el Dr. Zhui Rui, de la Academia China de Ciencias Sociales (CASS), a quien se le agradece su pronta respuesta.

29 Hilton, I., y Kerr, T. (2016). The Paris Agreement: China's 'New Normal' Role in International Climate Politics. Chatham House.

fue objeto de críticas, lo que afectó negativamente su imagen internacional[30]. Asimismo, el país asiático no firmó el acuerdo para reducir las emisiones de metano.

En la COP más reciente hasta la fecha de este análisis, celebrada en 2022 en Sharm El Sheikh, Egipto, China apoyó la creación del fondo para pérdidas y daños. No obstante, pese a ser el mayor emisor de gases de efecto invernadero en términos absolutos y el tercero en términos históricos, no asumió responsabilidades como país deudor. Esto se debe a que no se considera parte del grupo de naciones desarrolladas con obligaciones de compensación, sino que sugiere realizar aportes de manera voluntaria.

5.1. El "Tsinghua -CMA Pathway"[31]

El artículo "A Representative CO_2 Emissions Pathway for China Toward Carbon Neutrality under the Paris Agreement's 2°C Target", publicado en "Advances in Climate Change Research" por Zhang et al. (2023)[32], plantea un análisis exhaustivo sobre cómo China puede alcanzar la neutralidad de carbono para 2060 de forma coherente con el objetivo del Acuerdo de París de limitar el calentamiento global a menos de 2 °C. A través de un riguroso estudio de métodos de estimación de emisiones y modelado económico, los autores proponen el Tsinghua-CMA Pathway, una ruta representativa y económicamente viable para lograr ese objetivo.

La urgencia de la crisis climática ha impulsado a más de 130 países, incluido China, a establecer metas de neutralidad de carbono. China, el mayor emisor de CO_2 a nivel mundial, ha declarado que sus emisiones alcanzarán su punto máximo antes de 2030 y logrará la neutralidad de carbono antes de 2060. Sin embargo, la definición de un camino realista y alcanzable requiere un análisis técnico y económico profundo, así como estimaciones precisas de las emisiones actuales.

El estudio analiza dos métodos principales para calcular el inventario de emisiones de CO2:

1. Bottom-up (desde abajo hacia arriba): usa datos sobre actividades específicas y factores de emisión. Es sencillo pero puede presentar incertidumbres del 10% al 40% debido a la variabilidad regional y temporal de los factores.

2. Top-down (desde arriba hacia abajo): utiliza observaciones de la concentración atmosférica de CO_2 junto con modelos de transporte atmosférico. Aunque es menos influenciado por errores humanos, depende de la precisión de sensores y modelos atmosféricos.

3. Ambos métodos, al aplicarse correctamente y con un alcance consistente, ofrecen resultados comparables. El estudio adopta un valor representativo de 11.9 GtCO2 emitidos en 2021 en la China continental, como base para construir las trayectorias futuras.

Los autores revisaron múltiples trayectorias propuestas tanto por instituciones chinas como extranjeras. Las internacionales tienden a estar alineadas con metas de temperatura global (1.5 o 2 °C), pero muchas no consideran la factibilidad política y económica a corto plazo en China. Algunas incluso suponen que las emisiones chinas ya han alcanzado su pico, lo cual no es realista.

Por otro lado, estudios nacionales ofrecen trayectorias más adaptadas al contexto chino, aunque muchos no integran modelos económicos o utilizan datos de inventario obsoletos.

Basándose en estos análisis, los autores proponen el "Tsinghua-CMA Pathway", que considera:

a) Un pico de emisiones entre 2028 y 2029, con un nivel máximo de 12.8 GtCO2.

---

30   Hook, L., Temple, J., y Pickard, J. (2021, November 13). COP26: India and China weaken pledge to phase out coal. Financial Times.

31   Con agradecimiento al Dr. Zhang Da, de la Universidad de Tsinghua, por facilitarme su trabajo y ofrecerse a que sea expuesto.

32   Zhang, D., Huang, X.-D., Zhong, J.-T., Guo, L.-F., Guo, S.-Y., Wang, D.-Y., Miao, C.-H., Zhang, X.-L., & Zhang, X.-Y. (2023). A representative CO_2 emissions pathway for China toward carbon neutrality under the Paris Agreement's 2 °C target. Advances in Climate Change Research. Volume 14, Issue 6, December 2023, Pages 941-951

b) Reducciones sucesivas a 11.2 GtCO2 en 2035**, 3.6 GtCO2 en 2050 y 0.9 GtCO2 en 2060.

c) Las emisiones remanentes serían compensadas con los sumideros de carbono naturales estimados entre 1 y 2 GtCO2 para ese año

El diseño del escenario se basa en la reducción de la *intensidad de emisiones de CO2 (emisiones por unidad de PIB), coherente con los planes quinquenales chinos. Por ejemplo, la meta para 2020-2025 es una reducción del 18%, equivalente a una media anual de 3.9%. Esta tasa se incrementa gradualmente hasta un 16% anual en el periodo 2055-2060.

Utilizando el modelo económico computable de equilibrio general C-GEM, los autores estiman el costo económico acumulado del escenario Tsinghua-CMA entre 2020 y 2060. Los resultados muestran que el PIB sería solo un 0.9% inferior al escenario de referencia sin nuevas políticas climáticas. Esta cifra es significativamente inferior al 3-4% de pérdida de PIB estimado para trayectorias más agresivas alineadas con el objetivo de 1.5 °C, lo cual refuerza la viabilidad económica del Tsinghua-CMA Pathway.

El estudio comparó la ruta Tsinghua-CMA con otros escenarios internacionales como SSP1-19, GCAM y REMIND. Todos los escenarios que aspiran al objetivo de 1.5 °C requieren reducciones inmediatas y drásticas de emisiones, algo considerado económicamente inviable para China en el corto plazo. De hecho, estos escenarios supondrían una pérdida de PIB 3 a 4 veces mayor en comparación con el Tsinghua-CMA.

El equipo analizó las posibles desviaciones del escenario base utilizando combinaciones de crecimiento económico alto/bajo y reducción rápida/lenta de la intensidad de emisiones. Los resultados muestran una variabilidad en el pico de emisiones entre 2026 y 2030, y un rango de emisiones en 2060 de 0.4 a 2.1 GtCO2. Esta flexibilidad refuerza la robustez del Tsinghua-CMA Pathway ante escenarios económicos inciertos.

El estudio concluye que China puede lograr la neutralidad de carbono de forma técnica y económicamente viable mediante una transición gradual y bien planificada. Para mejorar la precisión y coherencia del seguimiento de las emisiones, se recomienda:

a) Fortalecer los métodos de estimación, especialmente cruzando bottom-up y top-down.

b) Actualizar regularmente las trayectorias de emisiones para reflejar nuevas políticas y avances tecnológicos.

c) Ampliar el análisis a gases distintos del CO_2 y desarrollar rutas sectoriales y regionales específicas.

El Tsinghua-CMA Pathway no solo es consistente con los objetivos nacionales de China, sino que también contribuye significativamente al cumplimiento de los compromisos globales bajo el Acuerdo de París.

6. La postura de los BRICS(+) y el "sur global"

Como ya mencionamos, los CBAM, especialmente promovidos por la Unión Europea, buscan imponer un precio al carbono sobre productos importados de países donde las regulaciones climáticas son menos estrictas. La intención declarada es evitar la "fuga de carbono", es decir, el traslado de industrias contaminantes desde países con políticas climáticas fuertes hacia países con normas más laxas. Esta medida se basa en la lógica de nivelar las condiciones para la competencia industrial mientras se protege el clima.

Sin embargo, los países BRICS+ han manifestado fuertes reservas hacia esta iniciativa, argumentando que representa una forma de proteccionismo verde. Desde su perspectiva, los CBAM actúan como una barrera comercial encubierta, que podría impactar negativamente a sus economías, ya que muchos productos de exportación serían penalizados por tener una mayor huella de carbono. Esto se percibe como una carga injusta para países que todavía están en fases tempranas de industrialización o desarrollo.

Durante múltiples foros internacionales, los BRICS+ han defendido el principio de "responsabilidades comunes pero diferenciadas" consagrado en el Acuerdo de París. Sostienen que los países desarrollados tienen una deuda histórica en términos de emisiones acumuladas, y por tanto, deben asumir mayores compromisos sin trasladar el peso del ajuste climático a los países en desarrollo[33].

Los representantes de los BRICS+ han alertado que los CBAM podrían distorsionar el comercio internacional, afectar sus exportaciones clave (como acero, aluminio y productos agrícolas) y poner en riesgo empleos y crecimiento económico. Además, recalcan que sus emisiones per cápita aún son considerablemente menores que las de los países del Norte Global.

Los BRICS+ exigen un enfoque más equitativo, en el que las medidas de descarbonización se adopten en conjunto con transferencia de tecnología, financiamiento climático y apoyo técnico, en lugar de sanciones o impuestos unilaterales.

En contraste con la oposición de los BRICS+ a los CBAM, la UNCTAD ha mostrado una posición más favorable hacia la tarificación del carbono como una herramienta legítima y útil para abordar el cambio climático, siempre que se aplique de manera justa.

La organización reconoce que internalizar los costos ambientales a través de mecanismos como los impuestos al carbono o los sistemas de comercio de emisiones (ETS) puede ser efectivo para reducir las emisiones. Sin embargo, subraya que estas políticas deben considerar las diferencias estructurales entre economías desarrolladas y en desarrollo, de lo contrario, podrían agravar desigualdades ya existentes.

UNCTAD promueve un marco de gobernanza climática global que permita establecer precios al carbono, pero que también contemple ajustes compensatorios para países en desarrollo, como por ejemplo:

– ingresos redistribuidos del CBAM hacia fondos climáticos internacionales,

– exenciones para economías vulnerables,

– o mecanismos que premien la mejora gradual en la eficiencia energética.

Uno de los principales temas que subyace en el artículo es la tensión entre la justicia climática y las normas del comercio internacional. Si bien la comunidad internacional reconoce la urgencia de tomar medidas drásticas contra el cambio climático, los instrumentos elegidos (como los CBAM) pueden tener consecuencias desproporcionadas sobre países que aún están en proceso de desarrollo económico.

En lugar de adoptar CBAM de forma unilateral, proponen enfoques alternativos como:

– el fortalecimiento de los mercados voluntarios de carbono,

– acuerdos multilaterales para armonizar estándares de sostenibilidad,

– cooperación Sur-Sur en transferencia de tecnología verde,

– e incentivos positivos (y no coercitivos) para descarbonizar sectores industriales clave.

También se sugiere la posibilidad de crear un mecanismo global de precios al carbono gestionado bajo organismos multilaterales como la ONU, que permita evitar distorsiones comerciales y promueva una acción climática basada en la equidad.

---

33 Ver párrafos 83 y 85 de la "Declaración de Kazan". XVI BRICS Summit Kazan Declaration STRENGTHENING MULTILATERALISM FOR JUST GLOBAL DEVELOPMENT AND SECURITY Kazan, Russian Federation, 23 October 2024.

7. Estado de situación de la tarificación del carbono en EE. UU.[34]

7.1. Planteamiento general

En los últimos diez años, el compromiso de EE.UU. con la reducción de emisiones de CO_2 ha fluctuado sustancialmente, dependiendo de la orientación política de cada Administración. Un hito relevante fue la firma del Acuerdo de París en 2015, en donde EEUU, bajo la Administración Obama, se comprometió a reducir sus emisiones de gases de efecto invernadero entre un 26% y un 28% para 2025, tomando como año base los niveles de 2005. En noviembre 2020, durante el primer mandato de la Administración Trump, EE. UU. formaliza su retirada del Acuerdo de París. Sin embargo, en enero de 2021, durante la Administración Biden, se reafirma el compromiso asumido en los Acuerdos de París mediante orden ejecutiva y estableciendo unos objetivos de reducción ambiciosos al comprometerse a reducir las emisiones entre un 50% y un 52% para 2030, a partir del año base de 2005. Además, fijó la lucha contra el cambio climático como una de las prioridades durante su mandato, mediante la aprobación de importantes medidas, como la Ley Bipartidista sobre Infraestructura de 2021 (BIL, por sus siglas en inglés), -con la finalidad de: mejorar la red eléctrica incentivando el empleo de energías renovables, construir una red nacional de cargadores de vehículos eléctricos y ampliar la red de transporte público y los servicios ferroviarios para pasajeros- o la ambiciosa Ley de Reducción de la Inflación de 2022 (IRA, por su siglas en inglés), entre otras. En definitiva, se adoptaron medidas fiscales y regulatorias para descarbonizar todos los sectores estratégicos, tales como, el de la energía, el transporte, la construcción, la industria, el suelo y el agua[35]. A su vez, en diciembre de 2024[36], actualizó su Contribución Determinada a Nivel Nacional (NDC, por sus siglas en inglés) elevando su compromiso a una reducción de entre el 61% al 66% de las emisiones netas de gases de efecto invernadero para 2035, tomando como año base 2005. Sin embargo, a pesar de las medidas adoptadas, la reducción de las emisiones de CO2, incluyendo 2024, han sido del entorno del 20%, tomando como año de referencia 2005. Finalmente, mediante orden ejecutiva de enero de 2025[37], la Administración Trump 2.0, decide la retirada inmediata de EE. UU. del Acuerdo de París y la eliminación de las políticas climáticas aprobadas en la anterior legislatura, promoviendo el uso de combustibles fósiles.

7.2. El empleo de la tarificación del carbono en EE. UU.

7.2.1. Nivel federal

Como hemos señalado anteriormente, las medidas más ambiciosas en materia de reducción de emisiones de CO2 se implementaron durante la Administración Biden, destacando la Ley de Reducción de la Inflación de 2022[38]. Sin embargo, las medidas incorporadas se centraron fundamentalmente en incentivos económicos, como créditos fiscales y subsidios, para estimular el uso de energías limpias, sin incorporar instrumentos de tarificación al

---

[34]   Aportación íntegra de Álvaro del Blanco García. Doctor en Derecho. Vocal Asesor del Instituto de Estudios Fiscales del Ministerio de Hacienda. Se agradece al Dr. Del Blanco su rápida y completa aportación.

[35]   *What is the Biden Administration Doing to Fight Climate Change?* | World Resources Institute.

[36]   Noticia de 19 de diciembre de 2024: What Biden's New U.S. Emissions Targets Mean for Global Climate Policy. El anuncio en la web oficial de la Casa Blanca ha sido eliminado.

[37]   Orden Ejecutiva 14162, de 20 de enero de 2025, "Putting America First In International Agreements", puede verse en: Federal Register :: Putting America First in International Environmental Agreements

[38]   The future of carbon pricing in the U.S. | Institute for Business in Global Society

carbono, como por ejemplo, impuestos al carbono o sistemas de comercio de emisiones (*cap-and-trade programs*). De este modo, EE. UU. es uno de los principales países y emisores de CO2 en el mundo que carece de este tipo de instrumentos a nivel federal. El principal motivo se debe a la dificultad de aprobar este tipo de medidas ante la falta de consenso político en su implementación.

Los primeros intentos legislativos para la implementación de este tipo de instrumentos a nivel federal tienen lugar durante la década del 2000, tal y como señalamos a continuación:

– La propuesta McCain-Lieberman de 2005 -Climate Stewardship and Innovation Act of 2005[39]-

La propuesta planteaba la implementación de un sistema de *cap-and-trade* para reducir las emisiones GEI en EE. UU. El sistema recaía sobre los sectores del transporte, la electricidad, la industria y el comercio, afectando a compañías con emisiones superiores a 10.000 toneladas CO2/año.

– La propuesta Lieberman-Warner de 2007 -Climate Security Act of 2007[40]-

Esta propuesta es considerada como un intento más ambicioso a su predecesora de 2005. El sistema de *cap-and-trade* regulado en esta propuesta buscaba una reducción más estricta fijando objetivos de reducción progresivos que deberían alcanzar la reducción del 63% para 2050 introduciendo un mecanismo de subasta con una reducción progresiva de asignaciones gratuitas y creando un fondo financiado con los permisos destinado, entre otros aspectos, a apoyar a los hogares más afectados y vulnerables por el establecimiento de este sistema.

– La propuesta Waxman-Markey de 2009 - American Clean Energy and Security Act of 2009[41]-

Inspirada en las propuestas anteriores, a través de esta propuesta se plantea la creación de un sistema *cap-and-trade* a nivel federal con la finalidad de reducir las emisiones de CO2 en un 83% en 2050 mediante la asignación de permisos gratuitos y subastados, eliminando progresivamente los permisos gratuitos. Los objetivos de reducción de emisiones eran los siguientes, tomando como año base 2005: en 2020, un 17% de reducción; en 2030, un 42% de reducción y en 2050, un 83%.

Posteriormente, la Administración Obama se planteó la aprobación de impuesto nacional al carbono, aunque se desistió de la medida ante el escaso apoyo que tenía en la Cámara de los Representantes, que incluso llegó a emitir una resolución no vinculante posicionándose en contra de la posible aprobación de un impuesto nacional sobre emisiones de CO2[42]. Esta situación provocó la aprobación de otro tipo de medidas tendentes a reducir las emisiones de CO2, las cuales se recogieron en el Plan de Energía Limpia[43]. Además, se pueden citar las siguientes propuestas fracasadas para la implementación de un impuesto al carbono: la America's Clean Future Fund Act (Durbin Bill, 2020)[44]; The American Opportunity Carbon Fee Act (Whitehouse Bill, 2019)[45]; The Energy Innovation and Carbon Dividend Act (Deutch Bill, 2019)[46]; The Stemming Warming and Augmenting Pay Act (Rooney Bill, 2019)[47]; The

---

39   S.1151 - 109th Congress (2005-2006): A bill to provide for a program to accelerate the reduction of greenhouse gas emissions in the United States by establishing a market-driven system of greenhouse gas tradeable allowances, to limit greenhouse gas emissions in the United States and reduce dependence upon foreign oil, to support the deployment of new climate change-related technologies, and ensure benefits to consumers. | Congress.gov | Library of Congress.

40   Text - S.2191 - 110th Congress (2007-2008): Lieberman-Warner Climate Security Act of 2007 | Congress.gov | Library of Congress

41   Titles - H.R.2454 - 111th Congress (2009-2010): American Clean Energy and Security Act of 2009 | Congress.gov | Library of Congress

42   Carbon Tax in the USA, Carbon Tax in the USA | Earth.Org

43   Existen anuncios posteriores de medidas para la aprobación de un impuesto nacional de emisiones de CO2, como por ejemplo en 2018, un congresista republicano planteó la posibilidad de sustituir el impuesto federal a los hidrocarburos por un impuesto de 23 dólares por tonelada sobre las emisiones de carbono de las refinerías de petróleo, las minas de carbón y las plantas de procesamiento de gas, la cual fue totalmente descartada por la Cámara. House Republicans Denounce a Proposed Carbon Tax.

44   America's Clean Future Fund Act

45   American Opportunity Carbon Fee Act

46   Energy Innovation and Carbon Dividend Act

47   Stemming Warming and Augmenting Pay Act

Climate Action Rebate Act (Coons Bill, 2019)[48]; The Raise Wages, Cut Carbon Act (Lipinski Bill, 2019)[49]; The America Wins Act (Larson Bill, 2019)[50]; The Carbon Reduction and Tax Credit Act (Maloney Bill, 2019)[51]

Por último, en los últimos años, diversos congresistas, tanto demócratas como republicanos, están introduciendo en el debate público la necesidad de implementar un mecanismo de ajuste en frontera similar al establecido en la UE, Como ejemplo, podemos citar la propuesta demócrata en octubre de 2021, que planteaba la creación de esta medida para bienes como el acero, el cemento y el aluminio procedentes de países con políticas ambientales más laxas, la cual fue obviada tanto por el partido republicano como por la propia Casa Blanca[52].

Más recientemente, en 2023/2024 se presentó la propuesta Coons-Cramer –PROVE IT[53]Act of 2024[54]– con la finalidad de exigir al Departamento de Energía la realización de un estudio para comparar el nivel de emisiones de determinados bienes producidos en EE. UU. con relación a otros países. Esta medida está todavía pendiente de aprobación definitiva. A su vez, en 2023 se presentó un proyecto de ley, denominado *Foreign Pollution Fee Act of 2023*[55], con la finalidad de imponer una tasa/tarifa (fee) sobre ciertos productos importados en función de su intensidad de emisiones de carbono en comparación con productos similares fabricados en EE. UU. –todavía en tramitación–.

Tabla comparativa. Iniciativas legislativas para el establecimiento de un sistema de comercio de emisiones en EE. UU.

	2005 (McCain-Lieberman)	2007 (Lieberman-Warner)	2009 (Waxman-Markey)
Objetivo de reducción de emisiones	Retornar a niveles del año 2000 para 2010.	63% de reducción para 2050 (base 2005).	83% de reducción para 2050 (base 2005).
Sectores afectados	Electricidad y grandes industrias.	Electricidad, transporte, manufactura e industrias pesadas.	Electricidad, manufactura, transporte, combustibles fósiles y edificios.
Asignación de permisos de emisión	Principalmente gratuitos.	Mayor proporción de subasta progresiva, con permisos gratuitos al inicio.	Mezcla de permisos gratuitos (85% al inicio) y subastas (15%).
Fondo de transición energética	No contemplado.	Creación de un fondo con ingresos de subasta para innovación y ayuda a comunidades afectadas.	Fondos para energía limpia, eficiencia energética y asistencia a consumidores.

Fuente: Elaboración propia

48   Climate Action Rebate Act

49   Raise Wages, Cut Carbon Act

50   America Wins Act

51   Carbon Reduction and Tax Credit Act

52   Carbon Border Tax Is Proposed by Democrats - The New York Times

53   Acrónimo de Providing Reliable, Objective, Verifiable Emissions Intensity and Transparency Act of 2024.

54   All Info - S.1863 - 118th Congress (2023-2024): PROVE IT Act of 2024 | Congress.gov | Library of Congress

55   All Info - S.3198 - 118th Congress (2023-2024): Foreign Pollution Fee Act of 2023 | Congress.gov | Library of Congress

7.3. Nivel estatal

Las principales medidas adoptadas en EE. UU. en relación con la tarificación del carbono se centran a nivel estatal, tal y como se observa en el siguiente gráfico:

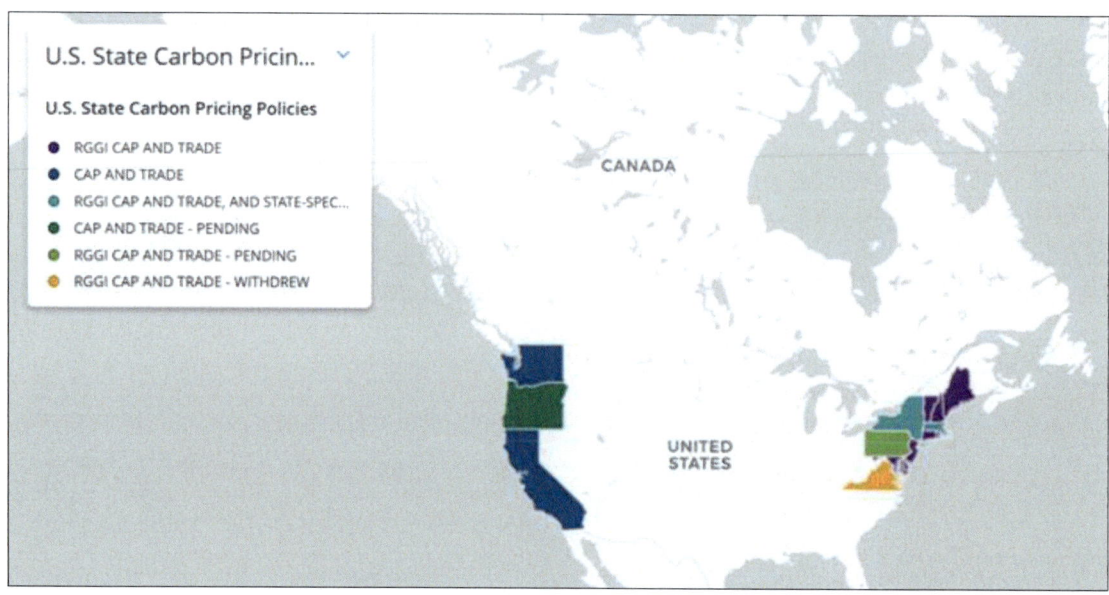

Fuente: U.S. State *Carbon Pricing Policies* (actualizado a enero 2025)

De acuerdo con el mismo, actualmente existen 13 Estados que aplican sistemas de tarificación del carbono que cubren a más del 30% de la población y representan más del 36 % del PIB del país. Atendiendo a sus particularidades los podemos clasificar de la siguiente manera[56]:

A) La Iniciativa Regional de Gases de Efecto Invernadero (RGGI-Noreste)

Se trata del primer programa obligatorio de *cap-and-trade* en EE. UU. (establecido en 2005, operativo desde 2009) para limitar las emisiones de CO_2 del sector eléctrico. Actualmente 9 Estados del Noreste forman parte de este, y son: Maine, Nuevo Hampshire, Vermont, Massachusetts, Connecticut, Rhode Island, Delaware, Nueva York y Nueva Jersey (este último se retiró en 2012 y reingresó en 2020). Pennsylvania ha adoptado las regulaciones necesarias para formar parte de la iniciativa regional pero actualmente su participación está suspendida por motivos judiciales. Por su parte, Virginia se retiró oficialmente de la RGGI a finales de 2023, aunque la medida está siendo objeto de revisión judicial. Hasta su resolución, el Estado permanece fuera del programa.

El RGGI impone un tope regional a las emisiones de las plantas de energía de más de 25 MW y las generadoras deben adquirir permisos de emisión por cada tonelada de CO_2 que emiten. Los Estados subastan la mayor parte de los permisos y reinvierten los ingresos en eficiencia energética, energías limpias y subsidios a los consumidores. La implantación de este sistema se considera exitoso, ya que ha permitido reducir las emisiones de CO2 del sector eléctrico desde su adopción, tal y como se desprende del siguiente gráfico:

---

56   U.S. State Carbon Pricing Policies - Center for Climate and Energy SolutionsCenter for Climate and Energy Solutions.

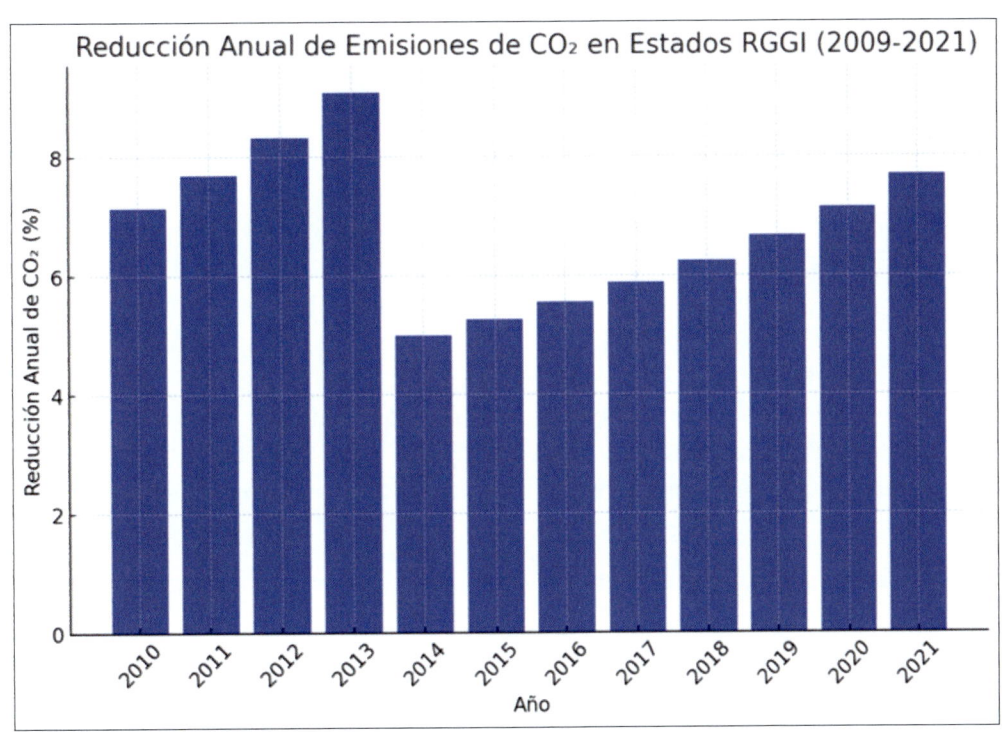

Fuente: elaboración propia a partir de los datos del RGGI.org y la EPA USA

Por último, el objetivo regional actualizado es reducir las emisiones un 30% para 2030, respecto al nivel de 2020.

B) California[57]

El programa *cap-and-trade* de California (2013) es considerado como el más ambicioso del país ya que recae sobre la práctica totalidad de los sectores de su economía –electricidad, transporte, industria, combustibles, etc.–, cubriendo alrededor del 85% de las emisiones del Estado *(cap-and-trade multisectorial)*.

Los objetivos del programa son: reducir las emisiones a los niveles de 1990 para 2020 (este objetivo se alcanzó en 2016); reducción del 40% los niveles de 1990 para 2030 y hasta un 80% para 2050; logar una electricidad 100% libre de carbono y la neutralidad de carbono en toda la economía para 2045.

Desde el inicio del programa en 2013, las emisiones totales de California han seguido una tendencia a la baja reduciéndose en un 5.3% entre 2013 y 2017.

El programa ha creado el denominado Fondo de Reducción de GEI en donde se depositan los ingresos generados por el propio programa. Por ley, el 35% de estos ingresos debe destinarse a hogares vulnerables y de bajos ingresos.

Uno de los aspectos interesantes del programa es que el mismo es que su mercado de carbono está vinculado con la provincia canadiense de Quebec desde 2014, lo que une sus mercados de permisos y armoniza el precio del carbono entre ambas jurisdicciones

C) Estado de Washington

En 2021, se adopta un sistema *cap-and-trade multisectorial* inspirado en el programa californiano anteriormente comentado. El mismo empezó a operar en 2023 y recae sobre el 70% de las emisiones producidas en su Estado.

Los objetivos establecidos son los siguientes: tomando como año base 1990 se pretende reducir las emisiones estatales en un 45% para 2030 y un 70% para 2040 y llegar a 95% de reducción al 2050, alcanzando para entonces la neutralidad de emisiones netas.

Al igual que en el Estado de California, el programa disfruta de un Fondo, denominado Cuenta de Inversión Climática en donde se depositan los ingresos derivados del programa y se destina a financiar proyectos vinculados

---

57   California Cap and Trade - Center for Climate and Energy SolutionsCenter for Climate and Energy Solutions

con el desarrollo de energías limpias, transporte eléctrico, programas de reducción de emisiones locales y mejoras en áreas donde existen grandes bolsas de contaminación. Además, parte del fondo se destina a apoyar la transición justa a favor de hogares especialmente afectados por las medidas implementadas.

D) Oregón

Actualmente, no disfruta de un programa *cap-and-trade* en sentido estricto, ante las dificultades en su aprobación. Sin embargo, en su lugar se adoptó un sistema de tope sectorial por regulación (2022) enfocado en las emisiones de combustibles fósiles (transporte y gas), excluyendo la generación de electricidad. El mismo fue invalidado por la justicia y actualmente se acaba de aprobar uno equivalente en noviembre de 2024 con los siguientes objetivos: reducir en un 90 % las emisiones de 2017-19 para 2050. Pese a no tratarse programa *cap-and-trade* propiamente dicho, al no incluir subastas de derechos de emisión, se asemeja al mismo, ya que las compañías afectadas deben negociar entre sí si sus emisiones exceden sus derechos de emisión o adquirir créditos a través de un programa que financia proyectos de mitigación dentro del Estado, conocido como Inversiones Climáticas Comunitarias. El primer período de cumplimiento comenzará en 2025 y finalizará en 2027, tras lo cual los períodos de cumplimiento se extenderán cada dos años.

E) Massachusetts y Nueva York: sistema de cap-and-trade específicos y complementarios al RGGI.

El Estado de Massachusetts ha diseñado un programa *cap-and-trade* específico en 2017, complementario al RGGI, al cual también pertenece y enfocado también al sector eléctrico de su Estado. De este modo, se imponen requisitos adicionales a los fijados en el RGGI más exigentes.

El Estado de Nueva York está diseñando un sistema de *cap-and-trade multisectorial* específico para 2026, que sería complementario al RGGI. El programa está basado en los modelos californiano y del Estado de Washington buscando que el mismo cubra la mayor parte de las emisiones producidas en el Estado y no limitándose al sector eléctrico.

Tabla comparativa tarificación al carbono a nivel estatal (US)

	Mecanismo de tarificación	Sectores cubiertos	Objetivos de reducción de GEI	Aspectos clave
RGGI (10 estados Noreste. Incluyendo Pensylvania)	Cap-and-trade regional (tope de CO_2 compartido). Iniciado en 2009.	Sector eléctrico (plantas +25 MW) en los estados participantes.	-30% de emisiones de CO_2 en 2030 (meta regional).	Cooperación interestatal: mercado de carbono conjunto.
California	Cap-and-trade multi-sectorial (estatal). Desde 2013.	Economía completa: electricidad, transporte, industria, edificios, etc. (85% de las emisiones estatales).	-40% vs 1990 en 2030 (mandato legal). -80% en 2050, neutralidad de carbono en 2045.	Primer cap-and-trade economy-wide en EE.UU. Vinculado con Quebec. Fondos a reducción de GEI
Washington	Cap-and-invest multi-sectorial (estatal). Desde 2023.	Múltiples sectores: industria, plantas eléctricas, distribuidores de combustibles fósiles (fuentes >25.000 t CO_2e/año).	-45% en 2030, -70% en 2040, -95% en 2050 vs 1990.	Segundo programa economy-wide en EE.UU. Ingresos destinados a inversión climática: energía limpia, transporte eléctrico, resiliencia climática.

Oregon	Reglamento de tope decreciente de emisiones a combustibles fósiles (Climate Protection Program, 2025).	Combustibles fósiles en todo el estado: gasolina, diésel, gas natural (transporte, edificios, industria).	-90 % emisiones de 2017-19 para 2050	
Massachusetts	Cap-and-trade sectorial estatal para electricidad (regulación de 2017).	Generación eléctrica dentro del estado (además de RGGI).	Reducción continua de CO_2 eléctrico hasta 2050, más allá de RGGI.	Doble sistema: participa en RGGI + impone tope local más estricto a largo plazo.
Nueva York (planificado)	Cap-and-invest multi-sectorial (estatal). Previsto para 2026.	Economía entera de NY: electricidad, transporte, edificaciones, industria.	-40% en 2030, -85% en 2050 vs 1990.	Tercer mercado de carbono estatal multisectorial en EE.UU. Buscará complementar RGGI o sustituirlo en 2026.

Fuente: Elaboración propia.

7.3. Conclusión

EE. UU. sigue sin contar con un sistema federal de tarificación del carbono, debido a la falta de consenso político. Sin embargo, varios estados han implementado exitosamente mecanismos de *cap-and-trade*, liderados por California, Washington y la RGGI en el Noreste. Estos sistemas han logrado reducciones significativas de emisiones y han generado ingresos para financiar la transición energética. Sin embargo, la falta de uniformidad a nivel nacional limita la efectividad de estas iniciativas.

Otro factor clave es el debate sobre el costo social del carbono (SCC, por sus siglas en inglés), que estima los daños económicos causados por cada tonelada de CO_2 emitida. Durante la Administración Biden, este valor se fijó en 51 dólares por tonelada, influenciando regulaciones ambientales más estrictas. Sin embargo, la Administración Trump 2.0 ha propuesto reducir o eliminar esta métrica, lo que podría debilitar los argumentos regulatorios a favor de la acción climática[58].

La evolución futura de la tarificación del carbono en EE. UU. dependerá de los cambios políticos y del creciente interés en medidas como el ajuste en frontera de emisiones de carbono. No obstante, en el contexto actual, no se prevé ningún avance en la implementación de un sistema federal de tarificación del carbono; más bien al contrario, las señales políticas apuntan a un retroceso en este ámbito. La ausencia de un mecanismo federal de tarificación del carbono deja la lucha climática de EE. UU. fragmentada y dependiente de iniciativas estatales.

---

58   EPA Announces Action to Address Costly Obama, Biden "Climate" Measurements (Social Cost of Carbon) | US EPA (marzo de 2025).

8. Conclusiones

I. <u>La tarificación del carbono es clave, pero enfrenta desafíos complejos de gobernanza.</u> Los mecanismos como los impuestos al carbono y los sistemas de comercio de emisiones (ETS) son fundamentales para reducir las emisiones de GEI. Sin embargo, su implementación y eficacia dependen en gran medida de la gobernanza multilateral y del alineamiento entre políticas nacionales y regionales.

II. <u>No existe un modelo único y plenamente consolidado de gobernanza global.</u> A pesar de avances importantes (como el Acuerdo de París o iniciativas del FMI, OCDE y OMC), aún persiste una fragmentación regulatoria, con estándares dispares y metodologías diversas. Esto genera asimetrías que afectan tanto a la eficacia ambiental como a la equidad internacional.

III. <u>El contexto geopolítico y la seguridad energética influyen directamente en las emisiones.</u> Factores como el riesgo geopolítico (GPR) y la inseguridad energética (ESR) tienen efectos complejos y a menudo contrapuestos sobre las emisiones. En la UE, el ESR es más determinante a largo plazo, intensificando la dependencia de fuentes fósiles.

IV. <u>Las industrias intensivas en energía (EIIs) requieren cooperación internacional profunda.</u> Sectores como acero, cemento o aluminio son esenciales para la descarbonización. Iniciativas como el Climate Club (2023) representan esfuerzos valiosos para coordinar acciones entre países, aunque persisten retos técnicos, económicos y políticos importantes.

V. <u>La UE lidera la implementación estructurada de la tarificación del carbono.</u> A través del EU ETS, el mecanismo CBAM y el paquete "Fit for 55", la UE ha establecido un marco ambicioso. Sin embargo, enfrenta tensiones con países del Sur Global, que ven algunas de estas medidas como proteccionismo verde.

VI. <u>La postura de países emergentes como China o los BRICS+ refleja tensiones entre desarrollo y responsabilidad climática.</u> Aunque China ha asumido compromisos importantes, como alcanzar la neutralidad de carbono para 2060, su enfoque prioriza la viabilidad económica interna. Los BRICS+ cuestionan mecanismos como el CBAM por sus posibles efectos adversos en sus economías.

VII. <u>EE.UU. carece de una política federal consolidada de tarificación del carbono.</u> Aunque existen programas estatales robustos (California, Washington, RGGI), a nivel federal no se ha implementado un impuesto al carbono ni un ETS nacional, debido principalmente a la polarización política.

VIII. <u>Se requiere un marco global coordinado, justo y técnicamente robusto.</u> Las propuestas de precios mínimos internacionales del carbono, con diferenciación según el desarrollo económico, pueden ser una vía eficaz. Aun así, deben acompañarse de incentivos financieros, apoyo técnico y transferencias tecnológicas para asegurar la equidad.

IX. <u>La justicia climática debe ser un eje central en las políticas de tarificación.</u> Sin un enfoque inclusivo, existe el riesgo de que las medidas de mitigación agraven las desigualdades globales. Es imprescindible una gobernanza que combine ambición climática con responsabilidad distributiva.

Bibliografía

Borozan, D. (2024). *Do geopolitical and energy security risks influence carbon dioxide emissions? Empirical evidence from European Union countries.* Journal of Cleaner Production, 439, 140834.

Chateau, J., Jaumotte, F., & Schwerhoff, G. (2022). *Economic and environmental benefits from international cooperation on climate policies.* Fondo Monetario Internacional.

Grossman, G. M., & Krueger, A. B. (1993). *Pollution and growth: what do we know?*

Grossman, G. M., & Krueger, A. B. (1995). *Economic growth and the environment.* The Quarterly Journal of Economics, 110(2), 353–377.

Grubb, M., Poncia, A., Drummond, P., Neuhoff, K., & Hourcade, J. C. (2023). Policy complementarity and the paradox of carbon pricing. *Oxford Review of Economic Policy*, 39(4), 711–730.

Otto, S., & Oberthür, S. (2024). *International cooperation for the decarbonization of energy-intensive industries: Unlocking the full potential.* Climate Policy.

Panayotou, T. (1997). *Demystifying the environmental Kuznets curve: Turning a black box into a policy tool.* Environment and Development Economics, 2(4), 465–484.

Sales, X. (2023). *La tarificación interna del carbono, una iniciativa para la sostenibilidad.* Harvard Deusto Business Review, (333), 20–28.

Shahbaz, M., & Sinha, A. (2019). *Environmental Kuznets curve for CO2 emissions: a literature survey.* Journal of Economic Studies.

Valcárcel, P. (ed.) (2023). *Gobernanza económica, regulación y administración de justicia,* Aranzadi-La Ley.

Villar Ezcurra, M. (2010). *Cambio climático, desarrollo sostenible y fiscalidad ambiental.* Crónica Tributaria (135), 231–245..

Villar Ezcurra, M. (2023), Fiscalidad, parafiscalidad y regulación económica en el sector eléctrico español, Aranzadi-La Ley.

Zhang, D., Huang, X.-D., Zhong, J.-T., Guo, L.-F., Guo, S.-Y., Wang, D.-Y., Miao, C.-H., Zhang, X.-L., & Zhang, X.-Y. (2023). *A representative CO_2 emissions pathway for China toward carbon neutrality under the Paris Agreement's 2 °C target.* Advances in Climate Change Research, 14(6), 941–951.

Fuentes legales / institucionales

Acuerdo de París de la Convención Marco de las Naciones Unidas sobre el Cambio Climático, 12 de diciembre de 2015, TIAS No. 16-1104.

CMNUCC (1992). *Convención Marco de las Naciones Unidas sobre el Cambio Climático.* Naciones Unidas, FCCC/INFORMAL/84.

Parlamento Europeo y Consejo de la Unión Europea. (2023). *Reglamento (UE) 2023/956,* Diario Oficial de la Unión Europea, L 130/52.

Reglamento (UE) 2018/842 del Parlamento Europeo y del Consejo, de 30 de mayo de 2018. Diario Oficial de la Unión Europea, L 156, 26–42.

Tratado de Lisboa, firmado en Lisboa, el 13 de diciembre de 2007 (DO C 306 de 17.12.2007, p. 1–271).

Protocolo de Kioto de la Convención Marco de las Naciones Unidas sobre el Cambio Climático, 10 de diciembre de 1997, 2303 UNTS 162.

Comunicación de la Comisión (2001). *La gobernanza europea - Un Libro Blanco* [COM (2001) 428 final]. Diario Oficial C 287 de 12.10.2001.

Consejo de la Unión Europea. (s.f.). *Reforma del régimen de comercio de derechos de emisión de la UE.*

Recursos web

Fondo Monetario Internacional. (2021, 18 de junio). *A proposal to scale up global carbon pricing.* IMF Blog. https://www.imf.org/es/Blogs/Articles/2021/06/18/blog-a-proposal-to-scale-up-global-carbon-pricing

López Piqueres, Á. (2023, julio 5). *El arancel al carbono (CBAM): ¿proteccionismo verde o liderazgo global contra el cambio climático?* Real Instituto Elcano. https://www.realinstitutoelcano.org/analisis/el-arancel-al-carbono-cbam-proteccionismo-verde-o-liderazgo-global-contra-el-cambio-climatico/

Reuters. (2024, October 3). *It's time for regulation to determine the future of carbon markets.* https://www.reuters.com/sustainability/climate-energy/comment-its-time-regulation-determine-future-carbon-markets-2024-10-03

What is the Biden Administration Doing to Fight Climate Change? World Resources Institute.

The future of carbon pricing in the U.S. Institute for Business in Global Society.

Carbon Border Tax Is Proposed by Democrats - The New York Times.

Contribuciones

Aportación íntegra de Álvaro del Blanco García. Doctor en Derecho. Vocal Asesor del Instituto de Estudios Fiscales del Ministerio de Hacienda.

Dr. Zhang Da, de la Universidad de Tsinghua .

Dr. Zhui Rui, de la Academia China de Ciencias Sociales (CASS).

Otros documentos e iniciativas

Documento de Trabajo 01: *Políticas Fiscales, Instrumentos Económicos y Reguladores en la Gobernanza Climática,* Álvaro Antón Antón.

Art. 11 del Tratado de Funcionamiento de la UE.

Declaración de Kazan, XVI BRICS Summit, 23 October 2024.

Orden Ejecutiva 14162, "Putting America First In International Agreements".

Propuestas legislativas en EE. UU.:

- America's Clean Future Fund Act
- American Opportunity Carbon Fee Act
- Energy Innovation and Carbon Dividend Act
- Stemming Warming and Augmenting Pay Act
- Climate Action Rebate Act
- Raise Wages, Cut Carbon Act
- America Wins Act
- Carbon Reduction and Tax Credit Act
- PROVE IT Act of 2024
- Foreign Pollution Fee Act of 2023

Números Publicados
Serie Unión Europea y Relaciones Internacionales

Serie Política de la Competencia y Regulación

Nº 1/2001 «El control de concentraciones en España: un nuevo marco legislativo para las empresas»
José María Beneyto

Nº 2/2001 «Análisis de los efectos económicos y sobre la competencia de la concentración Endesa-Iberdrola»
Luis Atienza, Javier de Quinto y Richard Watt

Nº 3/2001 «Empresas en Participación concentrativas y artículo 81 del Tratado CE: Dos años de aplicación
del artículo 2(4) del Reglamento CE de control de las operaciones de concentración»
Jerónimo Maíllo González-Orús

Nº 1/2002 «Cinco años de aplicación de la Comunicación de 1996 relativa a la no imposición de multas
o a la reducción de su importe en los asuntos relacionados con los acuerdos entre empresas»
Miguel Ángel Peña Castellot

Nº 1/2002 «Leniency: la política de exoneración del pago de multas en derecho de la competencia»
Santiago Illundaín Fontoya

Nº 3/2002 «Dominancia vs. disminución sustancial de la competencia ¿cuál es el criterio más apropiado?:
aspectos jurídicos»
Mercedes García Pérez

Nº 4/2002 «Test de dominancia vs. test de reducción de la competencia: aspectos económicos»
Juan Briones Alonso

Nº 5/2002 «Telecomunicaciones en España: situación actual y perspectivas»
Bernardo Pérez de León Ponce

Nº 6/2002 «El nuevo marco regulatorio europeo de las telecomunicaciones»
Jerónimo González González y Beatriz Sanz Fernández-Vega

Nº 1/2003 «Some Simple Graphical Interpretations of the Herfindahl-Hirshman Index and their Implications»
Richard Watt y Javier De Quinto

Nº 2/2003 «La Acción de Oro o las privatizaciones en un Mercado Único»
Pablo Siegrist Ridruejo, Jesús Lavalle Merchán y Emilia Gargallo González

Nº 3/2003 «El control comunitario de concentraciones de empresas y la invocación de intereses nacionales.
Crítica del artículo 21.3 del Reglamento 4064/89»
Pablo Berenguer O´Shea y Vanessa Pérez Lamas

Nº 1/2004 «Los puntos de conexión en la Ley 1/2002 de 21 de febrero de coordinación de las competencias
del Estado y las Comunidades Autónomas en materia de defensa de la competencia»
Lucana Estévez Mendoza

Nº 2/2004 «Los impuestos autonómicos sobre los grandes establecimientos comerciales
como ayuda de Estado ilícita ex art. 87 TCE»
Francisco Marcos

Nº 1/2005 «Servicios de Interés General y Artículo 86 del Tratado CE: Una Visión Evolutiva»
Jerónimo Maillo González-Orús

Nº 2/2005 «La evaluación de los registros de morosos por el Tribunal de Defensa de la Competencia»
Alfonso Rincón García Loygorri